그리스 로마 신화

④ 모험을 떠나는 영웅들

글 양태석 그림 조성경

은하수 미디어
EUNHASOOMEDIA

주요 등장인물 소개

페르세우스

수많은 모험을 하며 용맹을 떨친 위대한 영웅이에요. 훗날 미케네를 세웠어요.

헤라클레스

헤라에게 미움을 받아 수많은 고난을 겪지만, 모두 물리치고 최고의 영웅이 되었어요.

등장인물과 신들

안드로메다

케페우스 왕의 딸

에우리스테우스

미케네와 티린스의 왕

다이달로스

미궁을 만든 장인

메데이아

아이에테스 왕의 딸

차례

1 페르세우스와 메두사 ………… 8

2 안드로메다 공주를 구출하다 ………… 30

3 헤라클레스의 과업 ………… 52

4 영원한 생명을 얻은 헤라클레스 ………… 74

5 아르고 원정대와 황금 양가죽 ………… 98

6 이아손과 메데이아 ………… 118

7 영웅 테세우스의 모험 ········ 142

8 미노타우로스를 물리치다 ········ 166

그리스 로마 신화를 읽는 이유 ······ 190
신화 박물관 ········ 192
신화 퀴즈 ········ 198
상상하기 ········ 202
신들의 이름 ········ 203
신들의 계보 ········ 204
숨은 단어를 찾아라! ········ 206

부록 그리스 로마 신화
캐릭터 카드

페르세우스와 메두사

폴리데크테스 왕은 다나에와 결혼하려고 그녀의 아들 페르세우스를 없애기로 마음먹었어요. 폴리데크테스는 꾀를 내어 페르세우스에게 무시무시한 괴물 메두사의 머리를 가져오라고 명령했지요. 페르세우스는 과연 살아 돌아올 수 있을까요?

1 페르세우스와 메두사

　아르고스 왕국을 다스리는 아크리시오스 왕에게는 아름다운 외동딸이 있었어요. 이 딸의 이름은 다나에인데, 어찌나 아름다운지 신들의 왕인 제우스조차 반할 정도였어요. 하지만 아크리시오스에게는 자신의 뒤를 이을 아들이 더 필요했어요.

　고민하던 아크리시오스는 신탁을 들어 보려고 신전으로 찾아갔어요. 신탁은 신이 사람을 통해 그의 뜻을 나타내거나 사람의 물음에 대답하는 일이에요. 그는 신전에서 놀라운 신탁을 들었어요.

"아들은 끝내 얻을 수 없고 대신 외손자를 얻을 것이다. 하지만 그 외손자가 그대를 죽일 것이다!"

딸 다나에가 낳은 아들이 자신을 죽일 거라는 신탁이었어요. 아크리시오스는 그 자리에 풀썩 주저앉고 말았어요.

'다나에가 절대로 아이를 낳지 못하게 해야겠군.'

왕궁으로 돌아온 아크리시오스는 청동으로 만든 탑에 다나에를 가두었어요. 다나에는 이유도 모른 채 탑에 갇히고 말았어요.

그러던 어느 날이었어요. 아름다운 다나에에게 반한 제우스는 황금 소나기로 변신했어요. 그러고는 청동 탑 안으로 스며 들어갔어요. 제우스는 다나에와 사랑을 나누었지요. 아홉 달이 지난 후 다나에는 아들을 낳았어요. 제우스와 다나에 사이에서 태어난 이 아이가 바로 페르세우스예요.

"탑에 갇혀 있는 다나에가 어떻게 아들을 낳았단 말이냐!"

아크리시오스는 외손자가 자신을 죽일 거라는 신탁이 떠올라 견딜 수가 없었어요.

하지만 딸과 외손자를 차마 죽일 수는 없어서 이렇게 명령했어요.

"다나에와 아이를 바다에 내다 버려라!"

다나에는 페르세우스를 꼭 끌어안고 아버지에게 울며 애원했어요.

"아버지, 제발 살려 주세요! 이 아이는 제우스의 아들입니다!"

그러나 아크리시오스는 딸의 말을 믿지 않았어요.

부하들은 왕의 명령대로 다나에와 페르세우스를 커다란 나무 상자에 넣어 바다에 던져 버렸어요.

나무 상자는 바다에 둥둥 떠서 멀리멀리 흘러갔어요. 폭풍우가 몰아치기도 했지만 나무 상자는 무사히 세리포스라는 섬에 닿았어요. 제우스가 바다의 신 포세이돈에게 부탁하여 나무 상자를 보호해 준 덕분이었지요.

"앗, 저게 뭘까?"

세리포스섬의 어부 딕티스가 바닷가 모래밭에서 나무 상자를 발견했어요. 딕티스는 세리포스섬을 다스리는 폴리데크테스 왕의 동생인데, 형이 혼자 나라를 차지하는 바람에 어부가 되어 살고 있었지요.

딕티스가 나무 상자의 뚜껑을 열었어요. 그러자 페르세우스를 품에 안은 다나에가 가까스로 정신을 차리고는 힘없이 말했어요.

"누구신지 모르지만…… 제발 좀 도와주세요."

딕티스는 다나에와 페르세우스를 집으로 데려갔어요. 딕티스의 아내는 다나에가 기운을 차리도록 먹을 것을 차려 주었어요.

그날부터 두 사람은 딕티스 부부와 함께 살게 되었어요. 페르세우스는 다나에와 딕티스 부부의 보살핌을 받으며 무럭무럭 자랐어요.

어느덧 세월이 흘러 페르세우스는 당당한 청년이 되었어요. 잘생긴 데다 체격도 좋고 힘이 장사였어요.

머리도 좋고 지혜로워서 페르세우스를 본 사람들은 다들 칭찬했어요.

"페르세우스는 정말 강하고 현명한 청년이야!"

"그렇고말고. 내 눈에는 페르세우스가 신처럼 보인다네."

그 무렵 폴리데크테스 왕이 다나에에게 반해 청혼을 했어요. 다나에는 폴리데크테스의 거친 성격이 마음에 들지 않아 거절했어요. 하지만 폴리데크테스는 끈질기게 계속 결혼하자고 졸랐어요.

"제발 나와 결혼해 주시오."

하지만 다나에는 끝내 그의 청혼을 받아들이지 않았어요. 폴리데크테스는 강제로라도 다나에와 결혼하고 싶었지만, 용맹한 아들 페르세우스 때문에 자기 마음대로 할 수 없었어요.

'아무래도 아들을 먼저 해치워야겠군.'

이렇게 마음먹은 폴리데크테스는 나라 안의 모든 청년들에게 다음과 같이 명령했어요.

"나는 곧 피사 왕국의 공주와 결혼할 것이다. 그러니 결혼 선물로 나에게 말 한 필씩을 바쳐라."

페르세우스는 가난해서 말을 바칠 수 없었어요. 그래서 폴리데크테스 왕을 찾아가 사정했어요.

"저희 집은 형편이 어려워 말을 바칠 수 없습니다. 그러니 무엇이든 다른 것을 바치게 해 주십시오."

폴리데크테스는 기다렸다는 듯 얼른 말했어요.

"그렇다면 메두사의 머리를 가져오너라."

페르세우스는 왕의 말에 깜짝 놀랐어요.

메두사는 흉측하게 생긴 고르고네스 세 자매 중 막내였어요. 머리카락은 뱀으로 되어 있고, 이빨은 멧돼지처럼 날카로운 무서운 괴물이었지요.

어깨에 날개가 달려 있어 하늘을 날아다닐 수도 있었어요.

메두사와 눈이 마주치면 누구든 그 즉시 돌로 변해 버렸어요. 그래서 모두 메두사를 두려워했지요.

페르세우스는 잠시 생각한 후에 말했어요.

"왕께서 원하신다면 제가 메두사의 머리를 가져오겠습니다."

폴리데크테스는 속으로 크게 기뻐했어요.

'옳거니! 이제 이놈은 해치운 거나 마찬가지로구나. 흐흐흐.'

페르세우스는 집으로 돌아가려다 발길을 돌려 신전으로 향했어요. 너무 걱정이 되어 곧장 집으로 갈 수가 없었지요.

"신들이시여, 도와주소서. 어떻게 하면 메두사의 머리를 가져올 수 있겠습니까?"

페르세우스가 간절히 기도하자 아테나와 헤르메스가 나타났어요. 페르세우스도 제우스의 아들이니 두 신과는 형제인 셈이었어요. 그래서 도와주려고 나타난 거예요.

아테나가 말했어요.

"메두사의 머리를 얻으려면 우선 그라이아이 세 자매를 찾아가거라."

아테나는 페르세우스에게 이런저런 방법을 알려 주고, 거울처럼 빛나는 청동 방패를 주었어요.

"고르고네스 세 자매와 눈이 마주치면 돌로 변해 버리니, 반드시 이 방패에 비친 모습을 보고 공격해야 한다."

이번에는 헤르메스가 날개 달린 신발과 투구, 가죽 자루를 주었어요.

"이 신발을 신으면 하늘을 날 수 있다. 그리고 이 황금 투구는 지하 세계를 다스리는 신인 하데스에게 빌린 것이다. 이것을 쓰면 몸이 투명해져서 보이지 않는다. 그리고 이 가죽 자루는 마법 자루인데, 메두사의 머리를 담는 데 써라. 메두사의 머리를 여기에 담으면 영원히 변하지 않은 채로 있을 것이다."

또 헤르메스는 메두사를 해치울 때 쓰라며 자기가 가지고 있던 낫도 건네주었어요.

"정말 고맙습니다!"

페르세우스는 신들의 선물을 받고 불끈 용기가 솟았어요.

다음 날 페르세우스는 어머니에게 작별 인사를 한 뒤, 날개 달린 신발을 신고 서쪽 하늘로 향했어요.

페르세우스가 가장 먼저 찾아간 곳은 고르고네스 세 자매의 친언니들인 그라이아이 세 자매가 사는 동굴이었어요.

고르고네스 세 자매가 사는 곳을 아는 이는 그라이아이 세 자매뿐이었지요.

그라이아이 세 자매는 날 때부터 주름투성이인 할머니의 모습이었어요. 그라이아이는 '늙은 여자들'이란 뜻이지요. 셋이 통틀어 눈과 이가 하나씩밖에 없어서 이것을 돌아가며 썼어요.

페르세우스는 동굴 앞에 도착하여 몰래 안쪽을 들여다보았어요.

한 할머니는 식사를 하고 있었고, 두 할머니는 누워서 자고 있었어요. 식사를 마친 할머니가 잠든 할머니 중 하나를 깨워, 눈과 이를 더듬더듬 전해 주려고 했어요.

바로 그 순간 페르세우스가 번개처럼 달려가 눈과 이를 낚아챘어요.

"어이쿠, 누가 우리 눈과 이를 빼앗아 갔다!"

"누구냐? 얼른 돌려주지 못해!"

그라이아이 세 자매가 벌떡 일어나 허공을 휘저으며 소리쳤어요.

"고르고네스 세 자매가 사는 곳을 알려 주면 바로 눈과 이를 돌려주겠소. 만일 알려 주지 않겠다면 이 눈과 이를 발로 밟아 뭉개 버릴 거요!"

그라이아이 세 자매는 깜짝 놀라, 고르고네스 세 자매가 사는 동굴을 알려 주었어요.

"이제 어서 우리 눈과 이를 돌려 다오!"

그라이아이 세 자매가 허공에 손을 뻗으며 애원했어요.

"흠, 그럴 수는 없지."

페르세우스는 눈과 이를 호수에 던져 버렸어요. 그라이아이 세 자매가 고르고네스 세 자매에게 자신이 찾아간다는 사실을 알리지 못하게 하려면 어쩔 수 없었어요.

페르세우스는 고르고네스 세 자매가 사는 동굴로 빠르게 날아갔어요.

오케아노스강 근처에 있는 그 동굴은 정말 으스스했어요. 지하 세계로 가는 길목인 동굴 앞에는 돌로 변해 버린 사람들이 수없이 많이 서 있었어요.

페르세우스는 어둠이 깔릴 때까지 기다렸다가 살그머니 동굴 안으로 들어갔어요. 예상대로 고르고네스 세 자매는 쿨쿨 잠을 자고 있었어요. 첫째 스테노와 둘째 에우리알레, 막내 메두사가 차례대로 누워 있었지요. 두 언니는 영원히 죽지 않는 몸이었지만, 메두사는 그렇지 않았어요.

페르세우스는 청동 방패에 비친 세 자매의 모습을 보면서 뒷걸음질로 살금살금 다가갔어요.

'메두사 머리를 단번에 잘라야 해. 안 그러면 오히려 내가 당한다고!'

페르세우스는 메두사 앞으로 가서 방패에 비친 모습을 보고 낫을 꺼내 들었어요.

그러고는 단숨에 목을 내려쳐 가죽 자루에 주워 담았어요.

"누, 누구냐!"

두 언니가 눈치를 채고 버럭 소리쳤어요.

페르세우스는 재빨리 동굴 밖으로 달려 나갔어요. 그러자 두 언니가 쏜살같이 뒤쫓아 왔어요.

"안 되겠다."

페르세우스는 급히 하데스의 황금 투구를 머리에 썼어요.

"앗, 침입자가 갑자기 사라졌어! 이게 어떻게 된 일이지?"

메두사의 두 언니는 허공으로 날아올라 하늘을 이쪽저쪽 헤매고 다녔어요.

그 틈에 페르세우스는 메두사의 머리가 든 가죽 자루를 들고 날아올라 동굴에서 점점 멀어졌어요.

안드로메다 공주를 구출하다

페르세우스는 고향으로 돌아가다가 절벽에 묶여 있던 안드로메다 공주를 발견했어요. 안쓰러운 마음에 안드로메다를 구해 주려는데, 물속에서 끔찍하게 생긴 괴물이 튀어 올랐어요. 페르세우스는 이 위기를 잘 넘길 수 있을까요?

2 안드로메다 공주를 구출하다

 페르세우스가 세리포스섬으로 돌아가려고 바닷가를 따라 날고 있었어요. 그런데 에티오피아 왕국을 지나갈 때, 바닷가 절벽에 한 여인이 쇠사슬로 묶여 있는 모습이 보였어요.
 페르세우스가 여인의 곁으로 날아가 물었어요.
 "당신은 누구요? 왜 여기에 묶여 있습니까?"
 "저는 케페우스 왕의 딸 안드로메다입니다."
 눈부시게 아름다운 여인이 울먹이며 자신의 사연을 이야기했어요.

이 여인은 에티오피아의 공주 안드로메다였어요. 안드로메다는 케페우스 왕과 카시오페이아 왕비의 딸이었지요. 안드로메다가 바닷가 절벽에 묶여 있게 된 것은 어머니인 카시오페이아 때문이었어요.

카시오페이아는 늘 자신의 아름다움을 뽐내며 이렇게 자랑했어요.

"나는 바다의 신 포세이돈의 아내와 딸들보다 훨씬 더 아름답다!"

이 말을 듣고 화가 난 포세이돈의 아내 암피트리테는 남편에게 달려가 말했어요.

"건방진 카시오페이아에게 벌을 내려 주세요!"

그러자 포세이돈이 에티오피아에 바다 괴물을 보냈어요. 뱀처럼 생긴 크고 사나운 괴물이었지요. 괴물이 왕국을 쑥대밭으로 만들자 케페우스 왕은 허겁지겁 신전으로 달려가 신탁을 받았어요.

"딸을 바다 괴물에게 제물로 바치면 왕국을 구할 수 있을 것이다."

케페우스는 마음이 아팠지만 신탁을 따를 수밖에 없었어요. 그래서 딸 안드로메다를 바닷가 절벽에 묶어 놓았던 거예요.

"제발 저를 구해 주세요. 흑흑."

페르세우스가 두려움에 흐느끼는 안드로메다에게 말했어요.

"걱정 마시오. 내가 괴물을 물리치고 그대를 구해 주겠소."

바로 그 순간, 갑자기 바닷물이 크게 출렁이더니 흉측한 괴물이 나타났어요.

"으악!"

안드로메다가 놀라서 비명을 질렀어요. 페르세우스는 급히 낫을 빼 들고 하늘로 날아올랐어요.

"이놈! 내가 저승으로 보내 주마!"

페르세우스는 낫으로 괴물의 정수리를 공격했어요. 머리를 얻어맞은 괴물은 피를 흘리며 몸부림쳤어요. 하지만 이내 몸을 비틀며 날카로운 이빨로 페르세우스를 물려고 달려들었어요.

페르세우스는 가까스로 괴물의 공격을 피하고 다시 낫을 휘둘렀어요. 괴물의 몸에서 피가 흘러나와 바닷물을 붉게 물들였어요.

마침내 괴물이 몸을 부르르 떨며 바닷물 위로 철퍽 쓰러졌어요.

그 모습을 본 에티오피아 사람들은 환호성을 지르며 기뻐했어요.

"와, 괴물이 죽었다!"

이 소식을 듣고 달려 나온 케페우스 왕과 카시오페이아 왕비도 함께 기뻐했어요.

"페르세우스, 우리 딸의 목숨을 구해 주어 정말 고맙소."

케페우스는 궁전으로 돌아가서 페르세우스와 안드로메다를 위해 큰 잔치를 열었어요.

케페우스가 페르세우스에게 말했어요.

"그대는 영웅 중의 영웅이오. 괜찮다면 안드로메다와 결혼하여 이 왕국에서 함께 사는 게 어떻겠소?"

페르세우스는 왕의 제안에 미소를 지었어요. 페르세우스도 아름다운 안드로메다를 마음에 두고 있었기 때문이지요.

그런데 이게 웬일인가요. 연회장 바깥에서 갑자기 큰 소리가 들리더니, 우락부락한 사내가 칼을 든 채 부하들을 이백 명이나 이끌고 나타났어요.

케페우스가 사내를 향해 외쳤어요.

"피네우스, 이게 무슨 짓이냐?"

"안드로메다는 제 약혼녀입니다. 왜 제 약혼녀를 저 녀석과 결혼시키려고 하십니까?"

"네 이놈! 안드로메다가 죽을 위기에 처했을 때 너는 어디에 있었느냐? 이미 약혼자로서 자격을 잃었으니 당장 물러가라!"

피네우스는 코웃음을 치며 부하들에게 큰 소리로 명령했어요.

"왕과 페르세우스를 해치워라! 앞으로 이 나라는 내가 다스릴 것이다!"

피네우스가 케페우스에게 창을 던졌어요. 그 순간 페르세우스가 재빨리 몸을 날려 케페우스를 밀쳐 내 위기를 넘겼어요.

피네우스와 부하들은 왕실 경비병들을 마구 공격했어요. 왕을 지키는 경비병들은 피네우스 무리에게 점점 밀렸어요.

페르세우스는 혼자서 열심히 싸웠지만 곧 왕과 왕비, 안드로메다까지 위험해졌어요. 그때 페르세우스에게 좋은 생각이 떠올랐어요.

페르세우스는 메두사의 머리가 든 가죽 자루에 손을 넣은 채 외쳤어요.

"왕실 사람들과 경비병들은 지금 당장 눈을 감으십시오!"

페르세우스는 메두사의 머리를 번쩍 들어 피네우스 무리 앞에 내밀었어요. 피네우스 무리는 칼과 창을 든 채 돌이 되어 버렸어요. 피네우스도 당황한 표정 그대로 굳어 버렸지요.

페르세우스는 메두사의 머리를 다시 가죽 자루에 넣었어요.

"고맙소, 페르세우스. 그대가 또 한 번 우리를 구해 주었구려!"

케페우스가 페르세우스에게 진심으로 감사의 인사를 건넸어요. 그 후 페르세우스는 안드로메다와 결혼하고 잠시 에티오피아에 머물렀어요.

세월이 흘러 아들 페르세스가 태어나자 페르세우스는 왕에게 나아가 말했어요.

"이제 어머니가 계신 곳으로 돌아가야겠습니다. 저희 대신 페르세스를 남겨 두고 가겠습니다."

"알겠네. 페르세스가 어른이 되면 꼭 왕위를 물려주겠네. 부디 잘 가게."

페르세우스와 안드로메다는 배를 타고 에티오피아를 떠났어요.

페르세우스는 세리포스섬으로 돌아오자마자 곧장 집으로 달려갔어요.

그런데 집에는 어머니 다나에도, 딕티스 부부도 보이지 않았어요.

"폴리데크테스 왕이 자네 어머니와 강제로 결혼하려고 해서 모두 신전으로 피했다네. 아무리 왕이라고 해도 신전에 가서까지 못된 짓을 할 수는 없을 테니 말이야."

이웃 사람이 지난 일을 이야기해 주었어요. 페르세우스는 이웃 사람에게 아내를 부탁하고 곧장 왕궁으로 달려갔어요.

폴리데크테스는 페르세우스를 보고 깜짝 놀랐어요.

"네가 아직도 살아 있었느냐?"

페르세우스는 가죽 자루를 내밀며 소리쳤어요.

"이것이 바로 메두사의 머리요! 한번 보시겠소?"

왕은 페르세우스의 말을 믿지 않았어요. 하지만 혹시나 하는 생각에 병사들에게 명령을 내렸어요.

"여봐라, 당장 저 녀석을 붙잡아 죽여라!"

"흥! 내 그럴 줄 알았다."

페르세우스는 눈이 마주치지 않게 조심하며 자루에서 메두사의 머리를 꺼내 들었어요. 그러자 왕은 물론 병사들까지 모두 돌이 되고 말았어요.

페르세우스는 신전으로 가서 딕티스 부부와 어머니를 모시고 돌아왔어요. 그 후 딕티스는 돌이 된 형 대신 세리포스 왕국의 새로운 왕이 되어 백성들을 잘 보살폈어요.

페르세우스는 신전으로 가서 아테나와 헤르메스에게 감사의 뜻으로 제물을 바쳤어요. 두 신이 모습을 나타내자 페르세우스는 빌린 물건들을 모두 돌려주었어요.

"이 가죽 자루에 든 메두사의 머리도 아테나 님께 바치겠습니다."

"알겠다. 내 방패 가운데에 붙이면 좋겠구나."

아테나는 메두사의 머리를 방패 한가운데에 붙였어요. 그러자 아테나의 방패는 세상에서 가장 강한 방패가 되었어요.

세리포스섬에서 할 일을 마친 페르세우스는 어머니와 아내를 데리고 고향 아르고스로 향했어요. 수많은 모험을 통해 자신감을 얻은 페르세우스는 아크리시오스 왕의 외손자로서 당당히 왕위를 물려받고 싶었어요.

"뭐야? 페르세우스가 나를 찾아온다고?"

아크리시오스는 페르세우스가 온다는 소식을 듣고 겁에 질렸어요. 외손자 손에 죽게 될 것이라는 신탁을 또렷이 기억하고 있었기 때문이지요.

아크리시오스는 고민 끝에 테살리아 땅의 라리사 왕국으로 몸을 피했어요.

그런데 그 무렵 페르세우스 일행도 라리사 왕국을 지나고 있었어요. 라리사 왕국의 넓은 들판에서는 마침 원반던지기 경기가 열려 시끌벅적했어요.

"나도 한번 경기에 참가해 볼까."

페르세우스는 자신의 힘을 시험해 보고 싶어서 경기에 참가했어요. 힘센 사나이들이 돌아가며 하늘을 향해 힘차게 원반을 던졌어요.

마침내 페르세우스의 차례가 되었어요.

"이얍!"

페르세우스가 힘껏 던진 원반은 하늘 높이 날아갔어요. 그때 갑자기 불어온 바람 때문에 원반이 관중이 모여 있는 곳으로 날아가고 말았어요.

"으악!"

한 노인이 원반에 머리를 맞아 피를 흘리며 쓰러졌어요. 노인은 그 자리에서 숨을 거두고 말았어요. 이 노인은 바로 아크리시오스 왕이었어요.

페르세우스를 만나지 않으려고 라리사 왕국으로 피했는데, 결국 페르세우스가 던진 원반에 맞아 죽고 만 거예요.

딸 다나에와 손자 페르세우스, 그의 아내 안드로메다가 깜짝 놀라서 달려왔어요. 그들은 죽은 아크리시오스를 끌어안고 슬피 울었지요.

이로써 오래전 내려진 신탁은 한 치의 어긋남도 없이 그대로 이루어졌어요. 페르세우스는 애통한 마음으로 아크리시오스 왕의 장례를 치렀어요.

"할아버지를 죽인 죄인이 어찌 아르고스로 가서 왕이 될 수 있단 말인가."

페르세우스는 고향 아르고스로 돌아가지 않고 이웃 나라인 티린스로 가서 왕이 되었어요. 그는 티린스를 잘 다스려 훗날 강력한 도시 국가인 미케네를 세웠어요.

페르세우스는 행복한 삶을 살다가 죽은 후 제우스의 명령으로 하늘의 별자리가 되었어요. 아내 안드로메다와 그녀의 어머니 카시오페이아도 별자리가 되었지요.

3 헤라클레스의 과업

헤라클레스는 어린 시절부터 영웅으로 타고나 남다르게 자랐어요. 그런데 헤라에게 미움을 사서 미친 듯이 날뛰게 되었고 그 바람에 죄를 지었지요. 헤라클레스는 죄를 씻기 위해 열 가지 과업을 받고 길을 떠났어요. 그의 앞날은 어떻게 될까요?

3 헤라클레스의 과업

 미케네의 왕 엘렉트리온의 딸 알크메네는 영웅 페르세우스의 손녀예요. 알크메네는 사촌인 암피트리온과 결혼하여 행복하게 살았지요.
 그러던 어느 날, 타포스 왕국과 전쟁이 벌어졌어요. 암피트리온은 군사들을 이끌고 전쟁터로 나갔어요.
 왕궁에 홀로 남은 알크메네는 남편이 무사히 돌아오기를 간절히 빌었어요.
 제우스는 이런 알크메네를 눈여겨보았어요.
 '알크메네는 큰 영웅을 낳을 여인이로구나!'

제우스는 알크메네로부터 페르세우스 같은 영웅을 얻고 싶었어요.

그래서 암피트리온의 모습으로 변신하여 알크메네를 찾아갔어요. 제우스는 알크메네와 하룻밤을 보낸 뒤 곧 하늘로 돌아갔지요.

다음 날, 진짜 암피트리온이 전쟁에서 승리하고 궁으로 돌아왔어요.

그 후 알크메네는 배가 점점 불러 왔어요.

알크메네가 제우스의 아이를 가진 것을 알게 된 헤라는 몹시 화를 냈어요.

"알크메네가 낳은 제우스의 아이는 절대 행복하지 못할 것이다!"

헤라는 알크메네가 아예 아이를 낳지 못하게 방해했어요. 하지만 알크메네는 헤라의 방해에도 불구하고, 건강한 남자아이 헤라클레스와 이피클레스를 쌍둥이로 낳았어요.

 둘 중 한 아이는 제우스의 아들이었고, 한 아이는 암피트리온의 아들이었어요. 그러나 알크메네는 누가 제우스의 아들인지 알 수 없었어요.

 쌍둥이가 태어난 지 여덟 달쯤 지났을 때, 헤라가 방에 커다란 독사 두 마리를 풀어놓았어요. 쌍둥이를 모두 없애 버릴 생각이었지요.

독사들이 다가오자 이피클레스는 울음을 터뜨렸어요. 하지만 헤라클레스는 겁도 없이 두 마리 독사를 양손으로 하나씩 움켜쥐었어요.
 헤라클레스가 손에 힘을 주자 독사들은 금세 죽고 말았어요. 헤라클레스는 이렇게 날 때부터 천하장사였어요.
 "오, 이럴 수가!"

아이가 우는 소리를 듣고 달려온 알크메네는 그제야 헤라클레스가 제우스의 아들이라는 것을 알게 되었어요.

암피트리온과 알크메네는 쌍둥이에게 활쏘기와 말타기를 가르쳤어요. 또 전차 몰기와 검술, 레슬링도 가르치고, 선생님을 불러와 음악과 시도 가르쳤지요.

헤라클레스는 열다섯 살이 되자 몸집이 우람해졌어요. 힘이 아주 센 어른도 헤라클레스에게는 상대가 되지 않았어요.

헤라클레스는 키타이론산에서 가축을 잡아먹는 사자를 맨손으로 때려잡기도 했어요. 전쟁터에 나가 수많은 적을 무찌르기도 했지요.

"헤라클레스는 정말 위대한 영웅이야!"

"힘으로는 아무도 그를 이길 수 없지."

사람들은 입에 침이 마르도록 그를 칭찬했어요.

헤라클레스가 널리 이름을 떨치자, 테베의 왕 크레온은 딸 메가라를 헤라클레스와 결혼시켰어요. 헤라클레스는 메가라와 결혼하여 아들 셋을 낳고 행복하게 살았어요.

하지만 그 행복은 오래가지 않았어요. 바로 헤라 때문이었지요.

가족과 함께 행복하게 사는 헤라클레스를 보자 헤라는 다시 분노가 끓어올랐어요. 그래서 헤라클레스에게 미친 듯이 날뛰는 나쁜 기운을 불어넣어 그를 미치게 했어요.

갑자기 미쳐 버린 헤라클레스는 집을 모두 부숴 버렸어요.

그 바람에 사랑하는 아내와 세 아들이 모두 깔려 죽고 말았지요.

"으아악! 내 손으로 아내와 아이들을 죽이다니!"

제정신으로 돌아온 헤라클레스는 울부짖으며 괴로워했어요.

헤라클레스는 급히 델포이 신전으로 달려갔어요.

"제 죄를 씻으려면 어떻게 해야 합니까?"

신전에서 소리가 들려왔어요.

"너에게 불행한 일이 생기는 것은 헤라 여신의 노여움을 샀기 때문이다. 지금 당장 네 조상의 땅 티린스로 가서 에우리스테우스 왕이 내리는 열 가지 과업을 모두 해내라.

그러면 죄를 씻고 영원한 생명을 얻을 것이다."

과업은 꼭 해내야 할 일을 말해요. 신탁을 받은 헤라클레스는 곧장 티린스로 향했어요. 자신의 죄를 씻을 수만 있다면 무슨 일이든 할 수 있을 것 같았어요.

에우리스테우스 왕은 이미 헤라로부터 모든 이야기를 듣고 헤라클레스를 기다리고 있었어요. 그는 헤라클레스에게 아주 힘든 일을 시켜 없애 버릴 생각이었어요.

헤라클레스가 왕궁으로 들어가 에우리스테우스에게 말했어요.

"델포이 신전에서 신탁을 받고 왔습니다. 제게 무슨 일이든 시켜 주십시오."

"알겠다. 너에게 줄 과업은 모두 열 가지다. 우선 첫 번째 과업은 네메아 골짜기에 살고 있는 사자를 해치우는 일이다."

"알겠습니다. 네메아 골짜기의 사자를 해치우고 오겠습니다."

헤라클레스가 떠나자 에우리스테우스는 음흉하게 웃었어요. 네메아의 사자는 가죽이 무척 두껍고 단단하여 화살이나 칼을 맞아도 끄떡없었지요.

"흐흐흐! 헤라클레스는 이제 사자 밥이 될 일만 남았구나."

네메아 골짜기에 도착한 헤라클레스는 주변을 샅샅이 뒤졌어요. 그러다가 바위 동굴에서 나오던 사자와 정면으로 마주쳤어요. 네메아의 사자는 듣던 대로 몸집이 아주 크고 무시무시했어요.

헤라클레스가 활을 쏜 다음 다시 칼을 휘두르며 사자를 공격했어요. 하지만 가죽이 어찌나 두꺼운지 아무 소용이 없었어요.

"아무래도 다른 방법을 써야겠군!"

헤라클레스는 칼과 활을 집어 던지고 재빨리 곤봉을 휘둘렀어요. 사자는 머리를 얻어맞고는 입구가 두 개인 동굴 안으로 숨었어요.

헤라클레스는 얼른 동굴 한쪽 입구를 바위로 막았어요. 그런 다음 다른 쪽 입구로 들어가 사자를 끌어안고 팔로 목을 졸랐어요. 잠시 뒤 목에서 뼈가 부러지는 소리가 들리더니, 이내 사자 몸이 축 늘어졌어요.

헤라클레스는 사자 가죽을 통째로 벗겨 머리에 둘러썼어요. 사자의 큰 입이 마치 투구처럼 헤라클레스의 머리를 뒤덮었지요.

헤라클레스가 그 모습으로 돌아오자 에우리스테우스는 깜짝 놀라 부들부들 떨었어요. 이때부터 네메아의 사자 가죽은 헤라클레스의 상징이 되었어요.

"두 번째 과업은 레르나 늪에 사는 히드라를 해치우는 것이다."

히드라는 머리가 아홉 개나 달린 무시무시한 뱀이에요. 입으로는 독을 내뿜고, 머리를 잘라도 그 자리에서 금세 머리가 다시 생겨났지요.

헤라클레스는 조카 이올라오스를 데리고 레르나 늪으로 갔어요.

히드라를 찾아낸 헤라클레스는 번개처럼 날아올라 칼로 히드라의 머리를 하나씩 잘랐어요. 하지만 그 자리에 금세 다시 머리가 생겨났어요.

"흠, 안 되겠군. 내가 히드라의 머리를 자르면 그 자리를 불로 지져라!"

헤라클레스가 이올라오스에게 외쳤어요. 이올라오스는 헤라클레스의 말대로 히드라의 머리가 잘린 곳을 재빨리 불로 지졌어요. 그러자 더는 머리가 생겨나지 않았어요.

헤라클레스는 히드라의 머리를 모두 자르고, 몸통을 잘라 히드라의 독을 자기 화살촉에 발랐어요. 그때부터 헤라클레스의 화살은 독화살이 되었어요.

히드라를 해치우고 돌아가자 에우리스테우스는 고개를 저으며 말했어요.

"이번 일은 조카의 도움을 받았으니 성공한 것으로 인정할 수 없다!"

헤라클레스가 인상을 쓰자, 겁에 질린 에우리스테우스는 재빨리 커다란 청동 항아리 안에 숨었어요. 그러고는 신하를 시켜 다음 과업을 전했지요.

세 번째 과업은 케리네이아산에 사는 암사슴을 산 채로 잡아 오는 것이었어요.

이 암사슴의 뿔은 특이하게도 황금으로 되어 있었어요. 사냥의 여신 아르테미스가 아끼는 사슴이기도 했지요.

그런데 이 암사슴이 어찌나 빠른지 헤라클레스는 거의 일 년 동안이나 쫓아다니다 겨우 사로잡았어요.
"헉헉, 정말 화살보다 빠른 사슴이군."
헤라클레스가 암사슴을 데리고 숲에서 나가려는데, 아르테미스가 나타나 화를 냈어요.

"이 무슨 무례한 짓이냐? 감히 내가 키우는 사슴을 훔쳐 가다니!"

"아르테미스 님, 제가 지은 죄를 씻기 위해 한 일이니 부디 용서해 주십시오. 사슴을 산 채로 데려갔다가 다시 이곳에 데려다 놓겠습니다."

헤라클레스가 무릎을 꿇고 솔직하게 말했어요. 그러자 아르테미스도 그를 이해해 주었어요.

헤라클레스가 암사슴을 데리고 궁으로 들어오자 에우리스테우스의 네 번째 과업이 기다리고 있었어요.

"에리만토스산의 멧돼지를 산 채로 잡아 오너라."

에리만토스산의 멧돼지는 어마어마하게 크고 사나워서 누구도 잡을 수가 없었어요. 해마다 농작물을 망쳐 사람들에게 큰 피해를 입히곤 했지요.

헤라클레스는 한참을 찾아다니다가 덤불에 숨어 있던 멧돼지를 발견했어요.

헤라클레스가 크게 소리를 지르자 멧돼지가 넓은 들판으로 나왔어요. 헤라클레스는 쏜살같이 달려가 그물을 던져 멧돼지를 사로잡았어요.

헤라클레스가 이번 과업도 쉽게 성공하자, 에우리스테우스는 조금 더 힘든 일을 시켰어요.

"엘리스 왕궁의 가축우리를 하루 만에 다 치우는 것이 다섯 번째 과업이다."

엘리스 왕국으로 가서 가축우리를 살펴보니 정말 똥오줌으로 엉망이었어요. 가축도 아주 많은데 몇 년 동안 치우지 못한 것 같았어요.

'휴, 이걸 어떻게 하루 만에 다 치우지?'

고민하던 헤라클레스는 왕궁 옆을 흐르는 강물을 보고 좋은 생각을 떠올렸어요. 그는 우선 가축우리의 양쪽 벽에 구멍을 뚫었어요.

그러고는 한 구멍으로 강물을 끌어 들여 다른 구멍

으로 빠져나가게 했지요. 그러자 오물은 저녁이 되기 전에 모두 씻겨 나갔어요.

 헤라클레스는 엘리스 왕국 왕에게 가축우리를 청소한 대가로 가축을 몇 마리 달라고 했어요. 그러자 왕은 에우리스테우스 왕의 명령에 따라 한 일이니 줄 수 없다고 했지요. 결국 헤라클레스는 빈손으로 돌아왔어요.

에우리스테우스는 다시 트집을 잡았어요.

"청소한 대가를 받으려 했다고? 그렇다면 이번 과업도 인정할 수 없다!"

에우리스테우스는 그렇게 소리치고는 여섯 번째 과업을 지시했어요.

"스팀팔로스 호숫가에 사는 새 떼를 해치워라."

스팀팔로스의 새들은 청동 날개를 가진 괴물들이었어요. 사람들을 공격하고, 똥을 싸서 농작물을 엉망으로 만드는 못된 새들이었지요.

괴물 새들은 호수 근처 나뭇가지에 떼를 지어 앉아 있었어요.

'저 많은 새를 어떻게 해치우지?'

헤라클레스가 이리저리 궁리하고 있을 때 갑자기 아테나가 나타나더니, 청동으로 만든 징을 던져 주었어요.

헤라클레스가 징을 꽝꽝 두드리자, 괴물 새들이 놀라서 한꺼번에 날아올랐어요.
"좋았어! 내 화살 솜씨가 어떤지 한번 보여 주마!"
헤라클레스는 날아오르는 괴물 새들을 화살로 쏘아 단숨에 해치웠어요. 이로써 헤라클레스는 여섯 번째 과업까지 무사히 마쳤어요.

영원한 생명을 얻은 헤라클레스

헤라클레스는 죽을 고비를 넘기며 열 가지 과업을 겨우 마쳤어요. 하지만 아직 두 가지 과업이 더 남았다는 에우리스테우스 왕의 말에 큰 충격에 빠지지요. 헤라클레스는 마지막 두 가지 과업도 무사히 마칠 수 있을까요?

4 영원한 생명을 얻은
헤라클레스

에우리스테우스 왕은 헤라클레스에게 새로운 일을 시켰어요.

"일곱 번째 과업은 크레타섬의 사나운 황소를 산 채로 잡아 오는 것이다."

이 황소는 원래 바다의 신 포세이돈이 크레타의 왕 미노스에게 주었던 거예요. 훗날 다시 포세이돈에게 제물로 바치기로 했는데, 황소를 탐낸 미노스 왕이 다른 소를 제물로 바쳤지요. 그러자 화가 난 포세이돈이 황소를 미치게 만들었어요.

미친 황소는 들판을 뛰어다니며 크레타섬의 농작물을 못 쓰게 만들었어요. 사람들을 공격해 큰 상처를 입히기도 했지요.

크레타섬에 도착한 헤라클레스는 황소가 있는 들판으로 달려갔어요. 황소는 헤라클레스에게 뿔을 세우고 달려들었어요. 헤라클레스는 맨손으로 황소의 뿔을 잡고 한동안 흙바닥을 뒹굴며 싸웠어요.

황소는 마침내 지쳐서 숨을 헐떡거리며 나동그라졌어요. 헤라클레스는 황소를 꽁꽁 묶어 에우리스테우스에게 끌고 갔어요. 에우리스테우스는 황소가 무서워 청동 항아리에 숨어서 말했어요.

"여덟 번째 과업은 디오메데스의 암말을 사로잡아 오는 것이다."

트라키아의 왕 디오메데스는 전쟁터에서 죽인 적을 자신의 암말에게 먹이로 주었어요.

사람을 먹은 암말은 점점 사나워지더니 스스로 사람들을 공격해 잡아먹기도 했어요.
　헤라클레스는 밤중에 디오메데스의 왕궁 마구간으로 몰래 숨어들어 갔어요.
　그러고는 암말 주둥이에 재갈을 물리고 몰래 훔쳐 냈어요. 재갈은 말을 부리기 위해 말의 입에 물리는 가느다란 쇠막대예요.

이를 눈치챈 디오메데스가 병사들을 이끌고 급히 쫓아왔어요.

"이 도둑놈아, 내 칼을 받아라!"

디오메데스가 칼을 휘두르며 달려왔지만, 헤라클레스는 잽싸게 화살을 쏘아 그를 죽였어요. 그러자 사나운 암말이 달려가 디오메데스를 먹어 버렸어요.

암말은 디오메데스를 먹고 나자 신기하게도 양처럼 온순해졌어요. 헤라클레스는 온순해진 암말을 이끌고 왕궁으로 돌아왔어요.

에우리스테우스는 다시 헤라클레스에게 명령을 내렸어요.

"아홉 번째 과업은 아마존의 여왕 히폴리테의 허리띠를 가져오는 것이다."

에우리스테우스의 딸 아드메테가 히폴리테의 허리띠를 가지고 싶다고 해서 그런 과업을 준 거예요.

히폴리테는 전쟁의 신 아레스의 딸이에요. 아레스는 딸 히폴리테에게 마법의 허리띠를 주었어요. 이 허리띠는 아마존을 다스리는 여왕만 가질 수 있었지요.

아마존은 여자들만 사는 나라인데, 그곳 여자들은 모두 전투를 좋아하는 전사였어요. 칼과 활을 다루는 솜씨가 무척 뛰어났지요.

헤라클레스는 배를 타고 아마존으로 가서 히폴리테 여왕을 만나 사정을 말했어요. 히폴리테는 헤라클레스가 마음에 들어서 선뜻 허리띠를 풀어 주겠다고 했어요.

"그대 같은 영웅에게 이깟 허리띠쯤이야 얼마든지 드릴 수 있지요."

"고맙습니다. 감사의 뜻으로 제 배에서 식사를 대접하겠습니다."

헤라클레스는 히폴리테 여왕을 데리고 자신의 배로 갔어요.

잠시 뒤 아마존 여전사로 변신한 헤라가 나타나, 다른 여전사들에게 여왕이 헤라클레스에게 납치되었다고 거짓말을 했어요.

깜짝 놀란 아마존 여전사들이 칼과 창을 들고 헤라클레스의 배로 쳐들어갔어요.

이 광경을 보고 헤라클레스는 히폴리테 여왕이 자신을 속였다고 생각했어요. 아마존 여전사들과 싸우던 헤라클레스는 허리띠를 강제로 빼앗고 히폴리테를 죽였어요. 그러고는 곧장 티린스로 배를 몰았지요.

헤라클레스가 어려운 일을 척척 해내자 에우리스테우스는 화가 났어요. 그래서 이번에는 좀 더 어려운 일을 시켰어요.

"열 번째 과업은 에리테이아섬에 사는 게리온의 붉은 소들을 잡아 오는 것이다!"

게리온은 세쌍둥이가 하나로 합쳐진 모습의 괴물이에요. 머리와 몸통은 셋이고, 다리는 여섯 개였지요. 이 괴물은 많은 소를 길렀어요. 또, 이 소들을 지키는 사나운 개 오르트로스는 머리가 두 개였어요.

헤라클레스는 배를 타고 에리테이아섬으로 향했어요. 섬에 내리자마자 오르트로스와 맞닥뜨렸지요.

헤라클레스는 그 자리에서 오르트로스를 곤봉으로 때려 죽이고, 개를 구하러 온 소몰이꾼 에우리티온도 죽여 버렸어요. 그런 다음 붉은 소 떼를 바닷가로 몰고 나왔어요.

  그때 마침 근처에서 소에게 풀을 먹이던 메노이테스가 그 모습을 보았어요. 메노이테스는 지하 세계를 다스리는 신인 하데스의 소를 치는 사람이에요. 그는 게리온에게 자기가 본 것을 그대로 전했어요.

  뒤늦게 괴물 게리온이 말을 타고 쏜살같이 뒤쫓아 왔어요.

  "이 도둑놈아, 당장 멈추어라!"

  헤라클레스는 재빨리 활시위를 당겼어요. 핑핑핑, 세 발의 화살이 날아가 게리온의 세 머리에 정확히 하나씩 꽂혔어요. 독화살을 맞은 게리온은 그 자리에서 쓰러져 죽고 말았어요.

티린스로 돌아온 헤라클레스는 에우리스테우스에게 열 가지 과업을 모두 마쳤으니 이제 돌아가겠다고 말했어요.
 하지만 에우리스테우스는 아직 두 가지 과업이 남았다면서 떠나려는 헤라클레스를 막아섰어요.

"그게 무슨 말이오?"

헤라클레스가 묻자 왕이 대답했어요.

"두 번째 과업인 히드라를 해치울 때 너는 조카의 힘을 빌렸다. 또 다섯 번째 과업인 엘리스 왕국의 가축우리를 청소한 후에는 대가를 받으려고 했다. 그러니 이 두 과업은 무효다!"

헤라클레스는 화가 치밀어 에우리스테우스를 번쩍 들어 던져 버리고 싶었어요. 하지만 이를 악물고 꾹 참았어요. 에우리스테우스가 다시 말했어요.

"열한 번째 과업은 헤스페리데스 정원의 황금 사과를 세 개 따 오는 것이다."

황금 사과는 제우스와 헤라가 결혼할 때 대지의 여신 가이아가 선물로 준 보물이었어요. 석양의 요정인 헤스페리데스의 정원에 있다고 하는데, 그곳이 어디인지 아무도 알지 못했어요.

'프로메테우스는 앞날을 내다볼 줄 안다고 했어. 그러니 헤스페리데스의 정원이 어디에 있는지도 알 것 같은데?'

헤라클레스는 카우카소스산으로 가서 바위에 묶인 채 벌을 받고 있는 프로메테우스를 만났어요. 마침 커다란 독수리가 프로메테우스의 간을 쪼아 먹으려고 했지요.

"저렇게 고통스러워하는데, 그냥 두고 볼 수는 없는 일이지!"

헤라클레스는 독화살을 쏘아 그 자리에서 독수리를 해치웠어요.

끝없는 형벌에서 풀려난 프로메테우스는 매우 기뻐했어요.

"내가 기다리던 진짜 인간 영웅이 왔구나! 참으로 고맙도다!"

헤라클레스가 헤스페리데스의 정원에 있는 황금 사과를 얻고 싶다고 말하자 프로메테우스가 그 방법을 알려 주었어요.

"아틀라스를 찾아가면 황금 사과를 얻을 수 있을 것이다."

헤라클레스는 곧장 거인 아틀라스를 찾아갔어요.

아틀라스는 두 팔로 무거운 하늘을 떠받치는 벌을 받고 있었어요. 예전에 제우스에게 맞서서 싸운 일에 대한 벌이었지요.

"제가 대신 하늘을 떠받치고 있겠습니다. 그러니 헤스페리데스 정원의 황금 사과를 세 개만 따다 주십시오."

"황금 사과를? 그야 어렵지 않지. 금세 따다 주마."

아틀라스는 헤스페리데스 세 자매의 아버지라서 황금 사과쯤은 쉽게 얻을 수 있었지요.

헤라클레스가 하늘을 떠받치고 있는 동안 아틀라스가 정말 황금 사과 세 개를 따 가지고 왔어요.

아틀라스는 헤라클레스가 자기 대신 하늘을 떠받치고 있는 것을 보자 좋은 생각이 났어요. 하늘을 떠받치는 일이 너무나 고통스러워 이제 그만하고 싶었거든요.

"내가 자네 대신 에우리스테우스에게 황금 사과를 가져다줄 테니, 여기서 계속 하늘을 떠받치고 있는 게 어떤가?"

헤라클레스는 아틀라스의 꿍꿍이를 금세 눈치채고는 말했어요.

"알겠습니다. 그런데 지금 어깨가 너무 아파서 그러니, 하늘을 잘 떠받치는 방법을 알려 주십시오. 그러면 그다음부터는 제가 계속 하늘을 떠받치고 있겠습니다."

"알겠네. 내가 하는 걸 잘 지켜보게."

아틀라스가 다시 하늘을 떠받치는 순간, 헤라클레스는 잽싸게 황금 사과 세 개를 들고 그 자리에서 도망쳤어요. 아틀라스는 그제야 속은 줄 알았지만 헤라클레스는 이미 사라지고 없었어요.

헤라클레스는 황금 사과를 가지고 무사히 티린스로 돌아왔어요. 그러자 에우리스테우스는 헤라클레스에게 마지막 과업을 내렸어요.

"지하 세계로 가서 케르베로스를 데리고 오너라. 아마 이번에는 쉽지 않을 것이다."

케르베로스는 지하 세계의 문을 지키는 머리가 셋 달린 무서운 개예요. 살아 있는 사람은 지하 세계로 들어가지 못하게 하고, 죽은 사람은 지하 세계에서 나가지 못하게 감시하지요.

헤라클레스는 지하 세계의 왕인 하데스를 찾아가 자기가 찾아온 이유를 당당히 설명했어요.

"그러니 제가 잠시 케르베로스를 데려가도 되겠습니까?"

하데스는 지하 세계까지 찾아온 헤라클레스의 용기에 놀랐어요.

"좋다. 단, 케르베로스를 잡을 때 절대 무기를 사용해서는 안 된다."

헤라클레스는 하데스의 궁전에서 나와 성문 앞으로 갔어요. 케르베로스가 헤라클레스를 보고 맹렬하게 짖었어요. 그러자 헤라클레스가 번개처럼 뛰어올라 케르베로스의 목을 양팔로 휘감았어요.

케르베로스는 몸을 비틀며 끝까지 버텼어요. 하지만 헤라클레스가 팔에 힘을 주어 더는 숨을 쉴 수 없게 되자, 결국 꼬리를 내리고 말았어요.

헤라클레스는 케르베로스의 목을 줄로 묶어 티린스로 끌고 갔어요.

"자, 케르베로스를 데리고 왔소."

에우리스테우스는 케르베로스를 보고 놀라 다시 청동 항아리 속으로 숨었어요. 청동 항아리 안에서 그의 목소리가 들렸어요.

"헤라클레스, 너는 이제 자유의 몸이다. 어서 빨리 이곳을 떠나라! 그리고 다시는 이곳에 나타나지 말아라!"

헤라클레스는 곧바로 왕궁에서 나와 케르베로스를 다시 지하 세계의 문 앞에 데려다 놓았어요.

이렇게 헤라클레스는 힘든 열두 가지 과업을 모두 해내고 자유의 몸이 되었어요. 사람들은 헤라클레스야말로 진정한 영웅이라며 떠받들었어요.

 헤라클레스는 그 이후 아르고 원정대에도 들어가 활약했어요. 아르고 원정대는 이아손이라는 영웅이 헤라클레스와 테세우스 같은 영웅들과 함께한 원정대예요. 아르고호를 타고 모험을 떠나 황금 양가죽을 찾아오는 것이 목적이었지요. 또한 헤라클레스는 올림포스 신들을 도와 기간테스와의 전쟁을 승리로 이끈 적도 있어요. 기간테스는 대지의 여신 가이아의 자식들로 무시무시한 거인족이지요.

 하지만 영웅 헤라클레스도 흐르는 세월을 막을 수는 없었어요. 점점 세월이 흘러 헤라클레스도 이제 죽음을 맞이하게 되었어요.

 헤라클레스는 죽어 가며 하늘을 향해 소리쳤어요.

"헤라 여신이시여, 제 목숨도 다했으니 이제는 노여움을 푸십시오!"

헤라클레스는 이 말을 끝으로 눈을 감았어요.

제우스가 저 높은 올림포스에서 아들의 죽음을 지켜보았어요.

"헤라클레스의 몸은 하늘의 별자리가 될 것이고, 영혼은 내 곁으로 와서 영원한 생명을 얻을 것이다."

헤라도 이제 더는 헤라클레스를 미워하지 않았어요. 오히려 자신의 딸인 청춘의 여신 헤베를 헤라클레스와 결혼시켜 행복하게 살도록 했지요.

헤라클레스라는 이름은 '헤라의 영광'이란 뜻이에요. 평생 헤라의 미움만 받던 헤라클레스는 마침내 올림포스로 올라가 이름 뜻 그대로 헤라의 영광이 되었어요.

아르고 원정대와 황금 양가죽

이아손은 아버지가 빼앗긴 왕위를 되찾기 위해 펠리아스 왕을 만나러 갔어요. 왕위를 돌려주기 싫었던 펠리아스는 꾀를 내어 이아손을 함정에 빠뜨렸지요. 험난한 모험을 떠나게 된 이아손은 과연 왕위를 되찾을 수 있을까요?

5 아르고 원정대와 황금 양가죽

 이올코스 왕국의 펠리아스 왕에게는 걱정이 한 가지 있었어요. 이전에 신전에서 들었던 신탁의 내용이 늘 마음에 걸렸지요.

 "한쪽 발에만 신발을 신은 자가 훗날 네 왕좌와 목숨을 빼앗을 것이다!"

 펠리아스 왕은 지난 일을 떠올렸어요.

 예전에 이올코스 왕국의 왕은 크레테우스였어요. 크레테우스가 죽은 뒤 큰아들 아이손이 왕위를 물려받았어요.

그런데 펠리아스가 군대를 이끌고 와서 아이손을 몰아내고 자기가 왕이 되었어요.

펠리아스는 아이손과 어머니는 같지만 아버지가 다른 형제였어요. 그는 아이손을 쫓아내며 이렇게 약속했어요.

"어린 조카 이아손이 어른이 되면 기꺼이 왕위를 넘겨주겠소."

하지만 아이손은 펠리아스의 말을 믿을 수가 없었어요. 오히려 언제든 이아손을 해칠지도 모른다고 생각했지요.

아이손은 고민 끝에 어린 아들 이아손을 펠리온산에 사는 케이론에게 맡기기로 했어요. 케이론은 허리 위는 인간이고, 허리 아래는 말인 켄타우로스족이었어요. 무척 현명하여 의학과 무술, 음악, 사냥 등 못 하는 게 없었지요.

이아손은 케이론으로부터 많은 것을 배우며 무럭무럭 자랐어요.

세월이 흘러 이아손은 어느덧 어엿한 청년이 되었어요. 이아손은 이올코스로 돌아가 펠리아스 왕을 만나 보기로 마음먹었어요.

'아버지와 약속했으니 나한테 왕위를 넘겨주겠지.'

이올코스 왕국으로 가던 이아손은 어느 강에 이르렀어요. 막 강을 건너려고 하는데 어떤 할머니가 나타나 말을 걸었어요.

"이보게, 미안하지만 날 좀 업어서 강을 건너게 해 줄 수 있겠나?"

이아손은 할머니가 가여워 보여 얼른 등을 내밀었어요. 그런데 강을 건너는 동안 할머니는 이상하게도 점점 더 무거워졌어요. 물살도 강해 이아손은 그만 신발 한 짝을 잃어버리고 말았어요.

강 건너편에 할머니를 내려 주고 신발을 찾아보았지만 떠내려갔는지 영 보이지 않았어요.

그뿐 아니라 업고 온 할머니도 눈 깜짝할 사이에 사라져 버렸어요.

'그것참, 이상한 일도 다 있네.'

이아손은 한쪽 신발만 신은 채 이올코스 왕궁으로 발걸음을 재촉했어요.

사실 그 할머니는 헤라가 변신한 것이었어요. 예전에 펠리아스는 헤라 여신의 신전에서 사람을 죽인 적이 있었어요. 그 이후로 헤라는 그에게 원한을 품고 한번 혼내 주리라 마음먹고 있었지요. 그래서 이아손을 시험해 보고, 그를 통해 펠리아스에게 벌을 내리려고 할머니로 변신해 나타난 거예요.

'이아손이 펠리아스를 대신 해치워 주면 내 손을 더럽히지 않아도 되겠군.'

 헤라는 힘도 세고 용맹스러운 이아손이 마음에 쏙 들었어요.

 한편, 이올코스에 도착한 이아손은 곧장 왕궁으로 들어갔어요.

마침 제사를 지내던 펠리아스 왕이 이아손을 발견하고 물었어요.
"너는 누구냐?"
그 순간 펠리아스는 청년이 한쪽 발에만 신발을 신은 것을 보았어요.

"저는 아이손의 아들 이아손입니다. 아버지의 왕좌를 돌려받기 위해 왔습니다."

펠리아스는 가슴이 덜컹 내려앉았어요. 하지만 짐짓 아무렇지도 않은 척 말했어요.

"오, 네가 바로 이아손이로구나. 반갑다. 난 사실 왕의 자리에 욕심이 없다. 하지만 너에게 왕이 될 자격이 있는지는 좀 알아봐야겠다."

"뭘 알아본다는 말입니까?"

"네 능력을 알아보겠다는 뜻이다. 콜키스 왕국에 있는 황금 양가죽을 가져올 수 있겠느냐? 그걸 가져오면 너에게 바로 왕좌를 넘기겠다."

이아손이 말했어요.

"제가 가져오겠습니다. 그러니 반드시 약속을 지키십시오."

"알겠다. 부디 살아서 돌아오기를 바라마."

펠리아스는 쓴웃음을 지으며 말했어요.

콜키스 왕국에 있는 황금 양가죽은 결코 쉽게 얻을 수 있는 것이 아니었어요. 일단 콜키스 왕국까지 가는 길이 너무 멀고 험했어요. 또 황금 양가죽은 아레스 숲의 커다란 참나무 가지 위에 걸려 있는데, 사나운 용이 밤낮으로 지키고 있었지요.

이아손은 혼자 힘으로 그 먼 곳에 있는 황금 양가죽을 가져오는 건 불가능하다고 생각했어요. 그래서 함께 원정을 떠날 용사들을 모으기 시작했어요. 헤라 여신도 이아손을 도와 그리스 곳곳에 소문을 퍼뜨렸어요.

이름난 영웅과 용사가 하나둘 이올코스로 모여들었어요. 그중에는 헤라클레스와 테세우스 같은 영웅도 있었고, 노래를 잘 부르는 오르페우스, 목수 아르고스, 키잡이 티피스도 있었어요. 또 몸에 날개가 달린 제테스와 칼라이스 형제도 있었지요.

"내가 배를 만들겠소."

목수 아르고스가 오십 개의 노가 달린 거대한 배를 만들었어요. 배를 본 사람들은 다들 감탄했지요. 이아손은 목수의 이름을 따서 배 이름을 아르고호라고 지었어요.

"우리는 이 배를 타고 원정을 떠날 것이오! 세상 사람들은 우리를 아르고 원정대라고 부를 것이오!"

이아손이 큰 소리로 외치자 다들 환호성을 질렀어요.

"아르고 원정대 만세!"

아르고호가 드디어 원정에 나섰어요. 이올코스 항구를 떠난 배는 에게해로 나아갔지요. 키잡이 티피스가 키를 잡고, 오르페우스가 뱃전에서 노래를 불러 파도를 잠재웠어요.

원정대가 처음 닻을 내린 곳은 여인들만 사는 렘노스섬이었어요. 이아손과 용사들은 이 섬에 머물면서 여인들이 아이를 낳을 수 있도록 해 주었어요. 이아손도 렘노스의 여왕 힙시필레와 함께 지내며 아이를 낳았어요.

원정대는 다시 바다로 나가, 이번에는 돌리오네스족의 섬에 도착했어요.

그곳의 왕은 이아손과 용사들을 위해 큰 잔치를 열어 주었어요. 맛있게 먹고 즐긴 용사들은 저녁 무렵 그 섬을 떠났어요. 그런데 그날 밤, 엄청난 폭풍우가 몰아쳤어요. 아르고호는 이리저리 휩쓸리다가 간신히 어느 바닷가에 이르렀어요.

그 순간 어둠 속에서 한 무리의 병사들이 소리를 지르며 나타났어요. 이아손과 용사들은 배에서 뛰어내려 그들과 전투를 벌였어요. 헤라클레스가 앞장서서 수많은 적을 무찔렀어요. 바닷가에는 적의 시체들이 가득했지요.

날이 밝자 놀라운 사실이 드러났어요. 그 섬은 그들이 전날 잔치를 즐기고 떠났던 돌리오네스족의 섬이었어요. 느닷없이 폭풍우를 만나 다시 그 섬으로 돌아온 것이었지요.

"오, 세상에 이런 일이!"

이아손과 용사들은 미안해서 어쩔 줄 몰라 하며, 그들의 장례를 정성껏 치러 주었어요.

원정대는 다시 바다로 나갔어요. 그들은 힘차게 노를 저어 살미데소스 왕국에 도달했어요. 그곳을 다스리는 왕은 눈먼 피네우스였어요.

피네우스는 예언자로도 이름이 높았어요.

"우리 원정대의 앞날은 어떻습니까?"

이아손이 묻자 피네우스는 손가락으로 머리 위를 가리켰어요.

"저 괴물들을 쫓아내면 말해 주겠소."

피네우스의 머리 위쪽에는 하르피아이 자매가 빙빙 돌며 날아다니고 있었어요.

하르피아이는 머리는 여자이고 몸은 새였어요. 예전에 피네우스가 함부로 예언하자, 분노한 제우스가 그를 벌하려고 보낸 괴물 새 자매였지요. 하르피아이 자매는 피네우스가 식사를 하려고 하면 날아와 음식을 빼앗았고, 식탁 위에 똥오줌을 싸기도 했어요.

하르피아이 자매를 보자마자 날개 달린 쌍둥이 형제 제테스와 칼라이스가 칼을 뽑아 들고 쏜살같이 날아올랐어요. 쌍둥이 형제는 마구 칼을 휘둘러 하르피아이 자매를 멀리 그리스 반도까지 쫓아냈어요. 지칠 대로 지친 하르피아이 자매는 다시는 피네우스를 괴롭히지 않겠다고 약속했지요.

하르피아이 자매가 사라지자 피네우스는 매우 기뻐 했어요. 그는 이아손에게 콜키스까지 가는 뱃길을 자세히 알려 주었어요. 또, 앞으로 닥칠 위험과 그것을 피하는 방법까지 알려 주었지요.
아르고호는 다시 바다로 나가 보스포로스해협 근처를 지나갔어요.

그곳 뱃길에는 저절로 닫히는 거대한 두 바위가 서 있었어요. 이아손은 피네우스가 가르쳐 준 대로 먼저 비둘기를 두 바위 사이로 날려 보냈어요. 그러자 멀찍이 서 있던 두 바위가 빠른 속도로 이동해 쾅 맞부딪쳤어요. 비둘기는 다행히 꼬리 깃털 몇 개만 뽑힌 채로 아슬아슬하게 빠져나갔어요.

두 바위가 다시 양쪽으로 벌어지자 이아손이 소리쳤어요.

"출발하라! 다들 힘차게 노를 저어라!"

아르고호는 빠르게 바위 사이로 나아갔어요. 그 순간 두 바위가 다시 모여들었어요. 아르고호가 가까스로 바위 사이를 빠져나가자마자 두 바위가 다시 쾅 소리를 내며 부딪쳤어요.

"휴, 살았다."

이아손과 용사들은 안도의 한숨을 내쉬었어요.

6

이아손과 메데이아

이아손은 또 한 번 모험에 도전했어요. 거센 황소를 길들여 땅을 갈고, 그곳에 왕뱀 이빨을 심으라는 명령에 고민하고 있는데, 메데이아라는 여자가 도움의 손길을 내밀었어요. 이아손은 과연 메데이아와 손을 잡을까요?

6 이아손과 메데이아

아르고호는 마침내 흑해를 지나 콜키스 왕국에 도착했어요.

이아손은 아이에테스 왕을 찾아가 이곳까지 온 이유를 설명했어요. 그러자 아이에테스는 조건을 내걸며 말했어요.

"자네에게 황금 양가죽을 가질 만한 자격이 있는지 시험해 보고 싶네. 시험을 통과하면 황금 양가죽을 내주지."

"좋습니다. 어떤 시험입니까?"

"내게는 길들이지 않은 황소와 마법의 왕뱀 이빨들이 있네. 그 황소를 길들여 땅을 갈고, 거기에 왕뱀 이빨들을 심으면 되네. 할 수 있겠나?"

별것 아닌 것 같지만 사실은 목숨이 걸린 아주 위험한 시험이었어요. 이아손은 황금 양가죽을 내주지 않으려는 왕의 속셈을 눈치챘지만 모른 척하고 대답했어요.

"할 수 있습니다!"

시험은 다음 날 하기로 했어요.

이아손은 큰소리를 치기는 했지만, 걱정이 되어 잠을 이룰 수가 없었어요. 이아손이 강가를 거닐고 있는데 어둠 속에서 한 여인이 나타나 말했어요.

"저는 이 나라의 공주 메데이아예요. 제가 시험에 통과할 수 있는 비법을 알려 드릴게요."

"왜 저를 도우려는 겁니까?"

"저를 이올코스로 데려가 주세요. 당신과 결혼하고 싶어요."

메데이아는 이아손을 보고 첫눈에 반했어요. 그래서 이아손을 돕기로 마음을 먹은 거예요. 그 뒤에는 헤라의 명령을 받은 사랑과 아름다움의 여신 아프로디테가 있었어요. 아프로디테는 메데이아가 이아손에게 반하게 만들었지요.

메데이아는 아름다울 뿐만 아니라 마법 실력도 뛰어났어요.
이아손은 황금 양가죽을 가지고 돌아가게 해 준다면 메데이아와 결혼하겠다고 약속했어요. 그러자 메데이아가 물약이 든 작은 병을 내밀었어요.

"이 약을 몸에 바르세요. 그럼 하루 동안 몸이 쇠처럼 단단해져 절대 다치지 않을 거예요."

또한, 메데이아는 왕뱀 이빨에서 병사들이 태어난다는 것과 이 병사들을 물리칠 방법까지 모두 알려 주었어요.

다음 날 아침, 이아손은 시험 장소인 들판으로 나갔어요. 그곳에는 아이에테스 왕과 메데이아는 물론 많은 구경꾼이 나와 있었어요.

"어서 황소를 내보내라!"

왕이 소리치자 가축우리의 문이 덜컹 열렸어요. 청동 발굽을 가진 황소가 곧바로 뛰쳐나와 콧구멍에서 불을 뿜으며 달려들었어요. 불길이 어찌나 센지 주변의 풀들이 새카맣게 탈 정도였어요.

이아손은 세찬 불길을 피하며 재빨리 황소의 목에 줄을 걸고 멍에를 씌웠어요.

멍에는 수레나 쟁기를 끌기 위해 말이나 소의 목에 얹는 구부러진 막대예요. 이아손은 멍에에 쟁기를 걸어 땅을 갈고 재빨리 왕뱀 이빨들을 휙휙 뿌렸어요.

그러자 밭에서 놀라운 일이 벌어졌어요. 땅에 묻힌 왕뱀 이빨 하나하나가 무장한 병사로 변해 솟아오른 거예요. 병사들은 당장 창칼을 휘두르며 이아손을 공격하려고 했어요.

"얍, 받아라!"

이아손은 메데이아가 가르쳐 준 대로 큰 바위를 병사들의 한가운데로 던졌어요. 그러자 병사들은 자기들끼리 격렬하게 싸우기 시작했어요.

이아손은 가만히 기다렸다가 마지막에 살아남은 병사를 쓰러뜨렸어요.

그 모습을 본 아이에테스는 믿을 수 없다는 듯 버럭 화를 내며 병사들을 이끌고 돌아갔어요.

사실 아이에테스는 이아손에게 황금 양가죽을 내줄 생각이 전혀 없었어요. 그는 병사들에게 조용히 명령했어요.

"내일 아르고호를 공격해 이아손과 그 무리들을 모두 해치워라."

메데이아가 이 말을 몰래 듣고는 급히 이아손에게 달려갔어요.

"아버지가 당신들을 모두 죽일 거예요. 오늘 당장 떠나세요!"

"황금 양가죽 없이는 떠날 수 없소."

"알겠어요. 그럼 당장 황금 양가죽을 가지러 가요. 어서요!"

메데이아는 남동생 압시르토스를 먼저 아르고호에 태우고, 이아손을 아레스 숲으로 데려갔어요.

이아손이 물었어요.

"압시르토스를 왜 먼저 배에 태운 것이오?"

"제가 좋아하는 동생이라 함께 가려고요."

메데이아와 이아손은 울창한 아레스 숲으로 들어갔어요. 숲 한가운데에 커다란 참나무가 솟아 있고, 그 나뭇가지에 황금 양가죽이 걸려 있었어요.

하지만 듣던 대로 사나운 용이 참나무 줄기를 온몸으로 친친 감고 있었어요.

메데이아가 용에게 조심스럽게 다가갔어요. 그러고는 병에 담긴 물약을 뿌리며 주문을 외웠어요. 그러자 신기하게도 용이 스르르 잠들었어요.

이아손은 재빨리 나무 위로 올라가 황금 양가죽을 걷어 왔어요. 이아손과 메데이아는 곧장 아르고호로 가서 서둘러 출항했어요.

항구에 있던 아르고호가 보이지 않자 아이에테스는 병사들과 함께 배를 타고 급히 뒤쫓았어요. 물길을 잘 아는 덕분에 아이에테스의 배는 얼마 안 가 아르고호를 따라잡았어요.

"놈들이 저기 있다! 얼른 잡아라!"

콜키스 병사들이 아르고호로 뛰어들 수 있을 만큼 두 배가 가까워졌어요.

그러자 메데이아가 남동생 압시르토스를 갑자기 바다로 떠다밀었어요.

바다에 빠진 아들을 발견한 아이에테스가 깜짝 놀라 소리쳤어요.

"앗, 압시르토스부터 구해라!"

압시르토스를 구하기 위해 아이에테스의 배가 멈추었어요. 그 틈에 아르고호는 멀리 도망쳤어요.

이올코스로 돌아온 이아손은 황금 양가죽을 가지고 왕궁으로 갔어요.

"황금 양가죽을 가져왔습니다."

이아손이 오랫동안 돌아오지 않아서 죽은 줄 알았던 펠리아스 왕은 눈을 동그랗게 뜨고 이아손을 바라보았어요.

"황금 양가죽을 정말로 구해 오다니 참으로 훌륭하구나."

펠리아스는 속마음을 감추고 칭찬했어요. 그러고는 이아손과 용사들을 위해 큰 잔치를 베풀어 주었어요.

이아손은 집에 돌아와서 놀라운 사실을 알았어요. 아버지 아이손과 어머니가 이미 펠리아스의 손에 죽고 만 것이었어요.

"이놈 펠리아스! 지금 당장 복수하고 말겠다!"

메데이아가 얼른 이아손을 말렸어요.

"참으세요. 지금은 그들의 힘을 당해 낼 수 없어요. 제가 대신 끔찍하게 복수해 드릴게요. 당신은 용사들과 함께 포세이돈 신께 제사를 지내고 오세요."

이아손은 끓어오르는 화를 참고 우선 메데이아의 말에 따르기로 했어요.

이아손과 용사들은 코린토스만으로 가서 배와 제물을 포세이돈에게 바쳤어요. 용사들은 그 자리에서 뿔뿔이 흩어져 고향으로 돌아갔어요.

그 사이 메데이아는 자주 왕궁을 찾아가 펠리아스의 딸들과 친해졌어요. 약초로 딸들의 병을 고쳐 주기도 했지요. 그러자 딸들은 메데이아의 뛰어난 능력에 감탄했고, 나중에는 친자매처럼 가까워졌어요.

하루는 메데이아가 늙은 숫양을 데리고 왕궁으로 갔어요.

"저는 이 늙은 숫양을 젊어지게 할 수 있답니다."

메데이아는 커다란 솥 안에 숫양을 넣고 불을 지폈어요. 서서히 물이 끓어오르자 솥 안에 물약을 넣고 얼마 후에 뚜껑을 열었어요. 그러자 솥 안에서 귀여운 새끼 양이 폴짝 뛰어나왔어요.

"와, 정말 놀라운 능력이에요!"

"우리 아버지도 젊어지게 해 주세요."

"그야 어렵지 않죠."

메데이아는 펠리아스 왕을 젊어지게 해 주기로 약속하고 날짜를 잡았어요.

약속한 날 메데이아가 왕궁으로 가 보니, 딸들은 이미 펠리아스에게 술을 잔뜩 먹여 곯아떨어지게 해 놓고 기다리고 있었어요.

메데이아는 솥의 물이 끓자 태연하게 말했어요.

"자, 어서 아버지를 솥에 넣으세요."

딸들은 아버지를 솥 안에 밀어 넣었어요.

메데이아는 약을 가지러 간다고 거짓말한 다음 그대로 궁에서 도망쳤어요. 밤길을 달려 집에 도착하니, 마침 포세이돈에게 제사를 지내러 갔던 이아손이 돌아와 있었어요.

메데이아는 펠리아스에게 어떻게 복수했는지 자세히 설명하며 차갑게 웃었어요. 이아손은 끔찍한 이야기를 아무렇지도 않게 하는 메데이아가 좀 섬뜩하게 느껴졌어요.

한편, 펠리아스의 딸들은 메데이아에게 속아 자신들이 아버지를 죽인 것을 알고 땅을 치며 슬퍼했어요. 올림포스에서 헤라가 그 광경을 지켜보고 흡족한 미소를 지었어요.

헤라는 펠리아스가 죽은 것만 기뻐할 뿐 이아손과 메데이아는 어떻게 되든 관심도 없었지요.

이아손과 메데이아는 재판을 받았어요. 백성들은 이올코스 왕국을 세운 크레테우스의 손자 이아손을 죽일 수는 없다고 주장했어요. 그래서 결국 두 사람은 왕국 밖으로 쫓겨났어요.

그 후 이올코스 왕국은 펠리아스의 아들 아카스토스가 다스리게 되었어요.

이아손 부부는 코린토스 왕국으로 건너갔어요. 코린토스의 크레온 왕은 이아손을 좋아하여 반갑게 맞아 주었지요. 그곳에서 이아손 부부는 두 아들을 낳았어요.

그런데 크레온 왕은 듬직한 이아손이 너무나 마음에 들었어요. 자기 딸 그라우케와 맺어 주고 싶은 욕심이 생겼지요.

"메데이아는 이방인이니 그대와 어울리지 않소. 내 딸과 결혼하면 나중에 왕위를 물려주겠소. 잘 생각해 보시오."

크레온의 제안에 이아손은 마음이 흔들렸어요. 무서운 면이 있는 메데이아보다는 그라우케가 훨씬 착하고 얌전해 보였지요.

결국 이아손은 크레온의 말에 따라 그라우케와 결혼하기로 했어요.

그런데 메데이아가 이 사실을 알고는 끔찍한 일을 벌였어요. 오로지 이아손에게 고통을 주려고 두 아들을 죽인 거예요. 또, 크레온과 그라우케도 불에 타 죽게 만들었어요. 그러고는 재빨리 코린토스를 떠나 아테네로 도망쳤어요.

순식간에 큰 불행을 당한 이아손은 삶의 의욕을 완전히 잃었어요. 그는 부랑자처럼 빌어먹으며 떠돌다가 어느덧 코린토스만까지 흘러갔어요.

거기에는 포세이돈에게 바쳤던 아르고호가 그대로 서 있었어요. 세월이 흐르는 동안 많이 부서지고 낡아 있었지요.

이아손은 뱃머리 아래 쪼그려 앉아 지난 일을 떠올리며 눈물을 흘렸어요.

어느 순간, 뱃머리에서 우지끈 소리가 나더니 커다란 나무 조각이 떨어졌어요. 이아손은 그 나무에 머리를 맞아 그대로 숨을 거두었어요.

 올림포스에서 그 광경을 내려다보고 안타깝게 여긴 신들이 아르고호를 하늘로 올려 별자리로 만들어 주었어요. 아르고 원정대의 모험과 도전 정신을 오래도록 기리기 위해서였지요.

영웅 테세우스의 모험

테세우스는 아버지의 칼과 신발을 가지고 아테네로 떠났어요. 그런데 가는 길마다 괴물과 도적, 살인자가 나타났어요. 수많은 어려움 끝에 아버지를 만난 순간, 독약이 든 포도주를 손에 드는데……. 과연 테세우스는 아테네의 왕자가 될 수 있을까요?

7 영웅 테세우스의 모험

 아테네의 왕 아이게우스는 뒤를 이을 자식이 없어 늘 걱정이었어요.
 "델포이 신전에 가서 신탁을 받아 보자."
 아이게우스는 고민하다 델포이로 가서 신탁을 받았어요.
 "아테네에 도착할 때까지 포도주를 담은 가죽 주머니를 열지 마라."
 신탁을 들은 아이게우스는 고개를 갸웃했어요.
 "도대체 무슨 말인지 알 수가 없군."

아이게우스는 아테네로 돌아가지 않고 트로이젠으로 향했어요.

트로이젠의 왕 피테우스는 아이게우스와 오래전부터 친한 사이였어요.

"그 친구는 지혜로우니까 신탁이 무슨 뜻인지 알지도 몰라."

역시 피테우스는 아이게우스가 받은 신탁이 무슨 뜻인지 금세 알아챘어요.

'흠, 포도주는 영웅을 뜻하고, 가죽 주머니는 아이게우스를 가리키는 말이군. 그럼 아이게우스가 곧 영웅을 낳게 된다는 뜻이로구나.'

피테우스는 그 영웅이 트로이젠에서 태어나기를 원했어요. 그래서 신탁에 담긴 뜻을 아이게우스에게 말해 주지 않고 슬그머니 자기 딸을 불렀어요.

"아이트라, 아이게우스는 머지않아 영웅의 아버지가 될 거다. 그러니 네가 그 영웅의 어머니가 되어라."

아이트라는 아버지의 말을 금세 알아들었어요.

아이트라는 아이게우스를 찾아가 극진히 대접했어요. 아이게우스도 아이트라를 좋아하여 가깝게 지냈어요. 얼마 후, 아이트라는 아이게우스의 아이를 가지게 되었어요.

하루는 아이게우스가 아이트라를 데리고 넓은 들판으로 나갔어요. 거기에는 커다란 바위가 놓여 있었어요.

아이게우스는 바위를 번쩍 들어 옆으로 치우고 그 아래에 칼과 신발 한 켤레를 놓았어요.

그러고는 다시 바위를 원래 위치에 옮겨 놓았어요.

"아이트라, 내 말을 잘 들으시오. 우리 아이가 자라서 이 바위를 옮길 수 있게 되면, 그 밑에 있는 칼과 신발을 가지고 나를 찾아오라고 하시오. 그러면 그 아이에게 아테네를 물려주겠소."

그 후 아이게우스는 트로이젠을 떠나 아테네로 돌아갔어요.

아이트라는 몇 달이 지난 후에 남자아이를 낳았어요. 이 아이가 바로 테세우스예요.

테세우스는 무럭무럭 자라 어느덧 건장한 청년이 되었어요. 아이트라는 누구보다 힘도 세고 현명한 테세우스가 무척 자랑스러웠지요.

어느 날, 아이트라는 테세우스를 들판으로 데려갔어요. 아이게우스가 칼과 신발을 감춰 놓은 그 바위가 있는 곳이었지요.

"테세우스, 저 바위 밑에 아버지가 네게 주는 선물이 있다. 저 바위를 치워 보아라."

테세우스는 바위를 번쩍 들어 옆으로 치웠어요. 그러자 칼과 신발 한 켤레가 나왔어요. 아이트라는 아들에게 지난 일을 이야기해 주었어요.

"그러니 이 칼과 신발을 가지고 아테네로 가거라. 아버지가 너를 반기실 것이다."

테세우스는 어머니의 말대로 아테네로 가기로 했어요. 그런데 편하고 안전한 바닷길이 아니라, 빙빙 돌아가야 하는 땅으로 난 길을 선택했어요.

"땅으로 난 길은 멀고 위험하단다. 무시무시한 도적들이 많다고 하니 바닷길로 가는 게 어떻겠니?"

하지만 테세우스는 빙그레 웃으며 말했어요.

"그 어떤 도적이나 괴물을 만나도 물리칠 자신이 있으니 걱정 마세요."

테세우스는 어렸을 때부터 헤라클레스를 무척 존경했어요. 헤라클레스처럼 널리 이름을 날리고 싶었지요. 그래서 일부러 험한 길을 택한 것이었어요.
　테세우스는 아버지가 물려준 신발과 칼을 들고 트로이젠을 떠났어요. 길을 떠나고 얼마 지나지 않아 으슥한 산길로 접어들었어요.
　"이놈, 거기 멈춰라!"

숲에서 몸집이 크고 다리를 절뚝거리는 사내가 곤봉을 들고 갑자기 나타났어요.

그 사내는 페리페테스라는 악당이었어요. 성질이 사나워 길을 가는 사람들에게 괜히 시비를 걸고 곤봉으로 때려 죽였지요.

페리페테스가 곤봉을 거칠게 휘두르며 달려들었어요. 테세우스는 가볍게 피한 다음, 곤봉을 낚아채 빼앗았어요.

"이놈! 지금까지 많은 사람들을 곤봉으로 때려 죽였으니, 너도 어디 한번 곤봉 맛을 보아라!"

테세우스는 곤봉으로 페리페테스를 내리쳤어요. 페리페테스는 단 한 방에 나가떨어졌어요.

그때부터 곤봉은 테세우스를 상징하는 무기가 되었어요.

테세우스는 크롬미온 땅으로 건너갔어요.

그곳에는 파이아라는 괴물 암퇘지가 사람들을 해치고 다녔어요. 파이아는 막 싹이 트는 새순까지 먹어 치우는 골칫덩이였지요.
테세우스는 괴물 암퇘지가 나타나는 곳으로 일부러 찾아가 순식간에 곤봉으로 때려잡았어요.

메가라 왕국으로 건너간 테세우스는 그곳에 무서운 살인자가 있다는 말을 들었어요. 그의 이름은 스키론이었어요. 그는 길을 가는 나그네를 잡아 물건을 빼앗은 후 자기 발을 씻기게 했어요.

상대가 발을 씻기려고 꿇어앉으면, 발로 차서 절벽 아래 바다로 떨어뜨려 죽였어요. 바다로 떨어진 사람은 거대한 바다거북에게 잡아먹혔지요.

"아주 못된 녀석이로군!"

테세우스는 자기 발로 스키론을 찾아갔어요. 그가 발을 씻기라고 명령하자 꿇어앉는 척하다가 그의 두 발을 잡아채 바다로 휙 던져 버렸어요. 그동안 스키론이 사람들을 해친 것과 똑같은 방법으로 해치워 버린 거예요.

테세우스는 가는 곳마다 괴물과 못된 살인자들을 해치웠어요.

"테세우스는 정말 대단한 영웅이야!"

"맞아. 그의 힘과 지혜를 당할 자는 아마 세상에 없을 거야!"

사람들은 한목소리로 테세우스를 칭찬했어요.

테세우스는 엘레우시스 왕국으로 넘어가 새로운 악당을 만났어요. 그는 그곳의 왕 케르키온이었어요. 레슬링을 좋아하는 케르키온은 나그네를 붙잡아 억지로 레슬링 시합을 했어요. 그런 다음 상대가 지면 바로 죽여 버렸지요.

"나와 레슬링 시합을 하자! 지면 죽을 각오를 해야 한다!"

케르키온이 테세우스에게 외쳤어요.

"좋다. 한번 붙어 보자!"

테세우스의 말이 끝나자마자 케르키온이 덤벼들었어요.

테세우스는 그의 팔을 잡아 업어 치기로 메다꽂아 버렸어요. 그런 다음 번쩍 들어 바닥에 내동댕이쳤어요. 케르키온은 부르르 떨다가 그대로 숨이 끊어져 버렸어요.

아테네 근처에 거의 다 왔을 때 테세우스는 한 여관에 들어갔어요. 밤이 깊어 자고 갈 생각이었지요.

그런데 키가 큰 여관 주인이 어딘가 조금 이상해 보였어요. 여관 주인의 이름은 프로크루스테스였어요. 프로크루스테스는 '늘이는 자' 또는 '두드려서 펴는 자'라는 뜻이에요.

테세우스는 모른 척하고 방으로 들어갔어요. 방 안에는 두 개의 쇠 침대가 놓여 있었어요. 하나는 길이가 짧고 하나는 길었지요.

"이놈아, 이쪽에 누워라!"

테세우스가 방에 들어서자마자 프로크루스테스가 갑자기 그를 짧은 침대 위로 쓰러뜨렸어요. 그러고는 꽁꽁 묶어 버렸어요.

침대가 짧아 테세우스의 머리와 발이 침대 밖으로 삐져나왔지요.

"흠, 이제 시작해 볼까."

프로크루스테스는 톱을 꺼내 침대 밖으로 나와 있는 테세우스의 발을 자르려고 했어요.

테세우스는 깜짝 놀라 있는 힘을 다해 끈을 우두둑 끊어 버렸어요.

"네놈이 바로 살인마 프로크루스테스로구나!"

테세우스는 프로크루스테스를 번쩍 들어 짧은 침대 위로 던졌어요. 그러고는 자기가 당한 것과 똑같이 꽁꽁 묶었어요.

테세우스는 소문을 듣고 이미 그를 알고 있었어요. 프로크루스테스는 나그네가 여관에 들어오면 침대에 묶어 죽이는 살인마였어요. 키가 큰 사람은 짧은 침대에 묶고, 침대 밖으로 나온 신체를 잘라 죽였어요. 키가 작은 사람은 긴 침대에 묶고, 목과 발을 침대 길이에 맞게 잡아당겨 죽였지요.

"네놈도 똑같이 해 주마!"

테세우스는 프로크루스테스를 짧은 침대에 묶고 지금까지 그가 해 왔던 방법으로 똑같이 잘라 죽였어요.

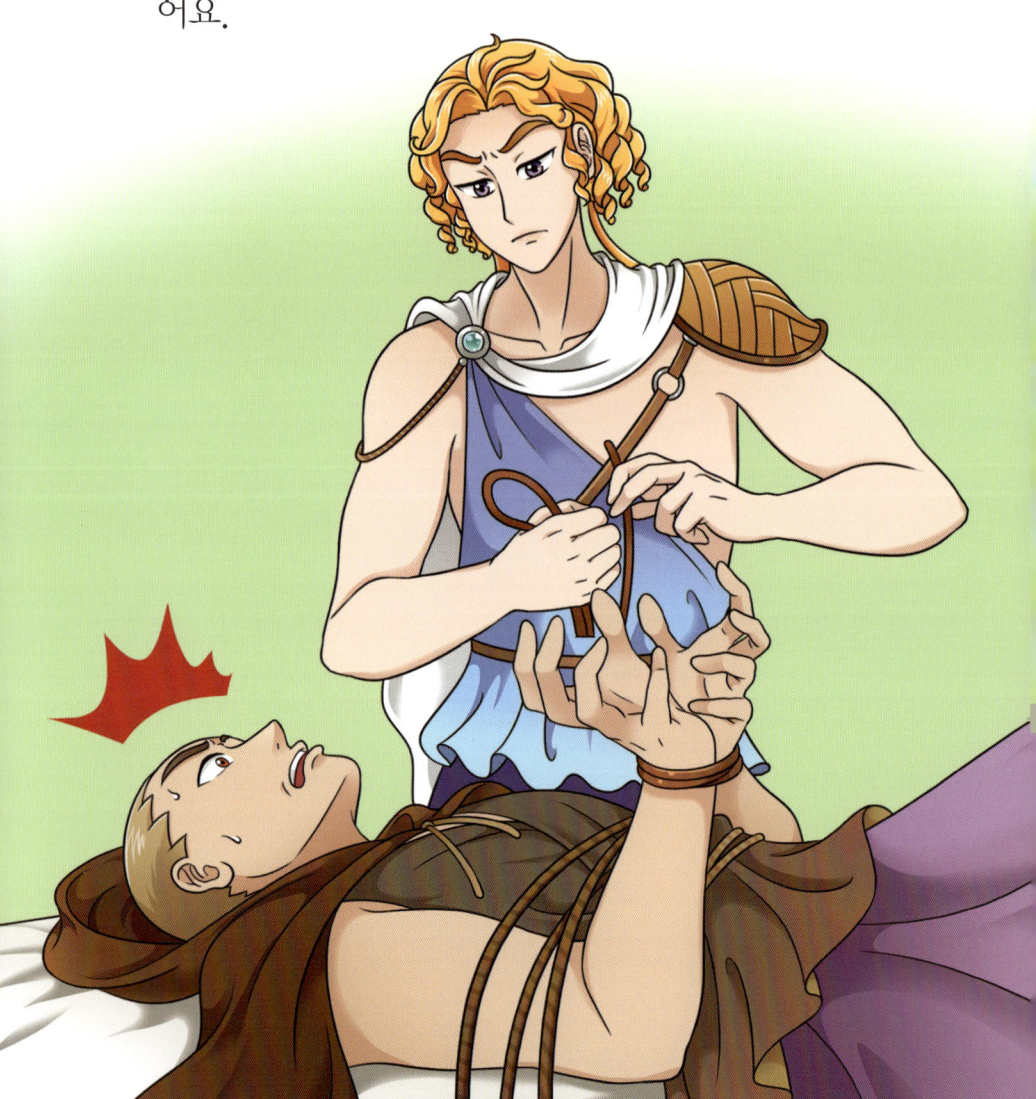

테세우스는 드디어 아테네에 도착했어요. 아테네 사람들은 최고의 영웅이 왔다며 다들 반겨 주었어요.

당시 아테네의 왕 아이게우스는 예전에 이아손의 아내였던 메데이아와 살고 있었어요. 메데이아는 아이게우스를 꼬드겨 결혼하고 아들까지 낳았지요.

메데이아는 자신의 아들 메도스가 아테네의 왕이 되길 바랐어요. 그런데 갑자기 테세우스가 나타나자 불안해졌어요. 이미 뒷조사를 하여 테세우스가 아이게우스의 아들이라는 걸 알고 있었거든요.

'무조건 없애 버려야 해.'

메데이아는 테세우스를 아무도 모르게 왕궁으로 불렀어요.

"아테네에서 멀지 않은 마라톤에 미친 황소가 나타나 사람들을 해치고 있다고 합니다. 당신이 그 황소를 좀 죽여 주세요."

테세우스는 곧장 마라톤으로 달려갔어요. 그리고는 미친 황소를 보자마자 다리를 곤봉으로 부러뜨린 후 정수리를 내리쳐 간단히 해치웠어요.

메데이아는 테세우스가 미친 황소와 싸우다 죽기를 바랐어요. 그런데 너무도 쉽게 황소를 해치우고 돌아오자 다른 방법을 생각해 냈어요.

메데이아는 급히 아이게우스를 찾아가 말했어요.

"테세우스가 당신을 죽이고 아테네의 왕이 되려고 한답니다!"

아이게우스는 깜짝 놀랐어요. 그때 메데이아가 다시 말했어요.

"테세우스에게 독을 탄 포도주를 먹여 우리가 먼저 죽이는 게 어때요?"

아이게우스는 메데이아가 일러 준 대로 우선 테세우스를 왕궁으로 초대했어요.

미친 황소를 해치운 것에 대해 감사 인사를 하겠다며 거짓말로 둘러댔지요.

테세우스가 왕궁으로 들어서자 아이게우스가 말했어요.

"미친 황소를 잡아 주어 정말 고맙소."

메데이아는 얼른 독이 든 포도주 잔을 테세우스에게 건넸어요.

"황소를 해치웠으니 축하하는 의미로 포도주를 한 잔하시지요."

바로 그때 아이게우스는 테세우스가 차고 있는 칼을 보았어요. 그가 신은 신발도 보았지요.

"안 돼! 마시지 마라!"

아이게우스는 얼른 달려가 테세우스가 들고 있던 포도주 잔을 빼앗아 던져 버렸어요. 그러고는 테세우스에게 물었어요.

"네 어머니 이름이 뭐냐?"

테세우스가 대답했어요.

"제 어머니는 트로이젠의 공주 아이트라입니다."

"오, 네가 바로 내 아들이로구나! 영웅 테세우스가 내 아들이라니 정말 믿을 수가 없구나!"

아이게우스는 테세우스를 끌어안고 기쁨의 눈물을 흘렸어요. 그러자 메데이아는 슬그머니 밖으로 나가 도망쳤어요.

아이게우스는 테세우스를 자신의 후계자로 세웠어요. 자신이 죽은 후 아테네를 물려주겠다고 정식으로 널리 알렸지요.

왕궁을 빠져나간 메데이아는 아들 메도스와 함께 몰래 아테네를 떠났어요. 그대로 남아 있다가는 죽음을 피하지 못할 테니까요. 메데이아는 자신의 고향인 콜키스로 돌아갔어요.

미노타우로스를 물리치다

아테네의 왕자가 된 테세우스는 해마다 청년들을 크레타에 공물로 바친다는 말을 듣고, 그 일을 막기로 마음먹었어요. 크레타로 간 테세우스는 황소 머리를 가진 미노타우로스와 맞닥뜨렸어요. 둘의 대결에서 과연 누가 이길까요?

8 미노타우로스를 물리치다

아이게우스는 아들 테세우스를 위해 큰 잔치를 베풀었어요. 백성들도 영웅 테세우스가 아테네의 왕자가 된 것을 다들 축하해 주었어요.

하지만 아테네의 축제 분위기는 그리 오래가지 않았어요. 바다 건너 강대국인 크레타에 공물을 보내야 했기 때문이지요. 공물은 작은 나라가 큰 나라에 바치는 곡식이나 물건, 사람을 말해요.

이번에 보낼 공물은 아테네의 청년 일곱 명과 처녀 일곱 명이었어요.

아테네가 크레타에 사람을 공물로 바치게 된 것은 크레타의 왕자 안드로게오스 때문이었어요. 안드로게오스는 아테네의 운동 경기에 참가했다가 마라톤 들판에서 미친 황소의 뿔에 받혀 죽고 말았어요.

그러자 크레타의 왕 미노스는 군대를 이끌고 아테네로 쳐들어왔어요. 안드로게오스를 마라톤 들판으로 보낸 사람이 바로 아테네의 왕 아이게우스였기 때문이에요.

그 당시 아테네에는 심한 흉년이 들고 전염병까지 돌았어요. 아이게우스는 미노스에게 항복할 수밖에 없었지요. 그 이후로 아테네에서는 크레타에 공물을 바쳐야 했어요.

"해마다 청년과 처녀를 일곱 명씩 바치지 않으면 다시 쳐들어와 아테네를 짓밟아 버릴 것이다!"

미노스가 협박했어요.

미노스는 아테네에서 바친 청년과 처녀를 괴물 미노타우로스에게 먹이로 주었어요.

미노타우로스는 크레타의 왕비 파시파에가 황소와 사랑을 나누어 낳은 괴물이에요. 머리는 황소 모양이고 몸은 사람인데 사람 고기를 먹고 살았지요.

미노스는 뛰어난 건축 실력을 가진 기술자 다이달로스에게 미로로 이루어진 거대한 지하 감옥을 만들게 했어요.

감옥의 미로가 어찌나 복잡한지 한번 들어간 사람은 다시는 빠져나올 수 없을 정도였지요.

미노스는 신탁에 따라 이 지하 감옥에 미노타우로스를 가두어 놓았어요. 미노타우로스를 가둔 이 지하 감옥을 미궁이라고 해요.

한편, 아이게우스는 크레타로 보낼 공물 걱정 때문에 한숨을 푹푹 내쉬었어요. 그러자 테세우스가 나서서 말했어요.

"저를 청년 한 사람 대신 크레타로 보내 주십시오."

"뭐, 뭐라고? 네가 공물이 되겠다고? 그건 절대 안 된다!"

"아버님, 걱정 마십시오. 제가 가서 미노타우로스를 해치우고 오겠습니다!"

테세우스가 자신 있게 말하자, 아이게우스는 한참을 고민한 후 마지못해 허락해 주었어요.

청년 일곱 명과 처녀 일곱 명이 크레타로 떠나는 날 항구는 울음바다가 되었어요. 청년들과 처녀들도 울고 그 가족들도 슬피 울었어요.
테세우스는 그 광경을 보고 결심했어요.
'미노타우로스, 기다려라. 내가 널 없애고 말겠다!'
배가 떠나려는데 아이게우스가 외쳤어요.

"아들아, 살아서 돌아오거든 배의 검은 돛을 흰 돛으로 바꿔 달고 오너라! 흰 돛을 달고 오면 네가 미노타우로스를 해치운 것으로 알겠다!"

"알겠습니다, 아버님!"

아테네의 일곱 청년과 일곱 처녀를 태운 배는 먼바다로 나아갔어요.

드디어 배가 크레타 항구에 도착했어요. 크레타 병사들이 우르르 몰려와 아테네 젊은이들을 왕궁으로 끌고 갔어요.

미노스가 젊은이들 사이에서 테세우스를 발견하고는 말했어요.

"이렇게 죽기엔 아까운 젊은이로군. 만약 미궁에서 살아 나온다면 아무 조건 없이 아테네로 보내 주마."

"고마운 말이군요. 미노타우로스를 해치우고 나올 테니 나중에 다른 말이나 하지 마십시오."

미노스는 테세우스와 젊은이들을 감옥에 가두었어요. 그곳에 머물다가 한 명씩 미궁으로 보낼 예정이었지요.

그런데 테세우스가 왕궁으로 끌려갔을 때, 미노스의 딸 아리아드네가 우연히 그를 보게 되었어요. 아리아드네는 늠름한 테세우스에게 한눈에 반해 버렸어요.

'저런 분을 죽게 내버려 둘 수는 없어!'

아리아드네는 미궁을 만든 다이달로스를 몰래 찾아가 부탁했어요.

"아테네 젊은이들이 너무 불쌍해요. 그러니 미궁에서 빠져나올 수 있는 방법을 좀 알려 주세요."

다이달로스는 한참을 망설이다가 그 방법을 알려 주었어요. 사실 다이달로스도 아테네 출신이라 그곳 젊은이들이 죽는 게 마음에 걸렸거든요.

"미궁에서 살아 나올 방법은 딱 한 가지입니다. 입구에 긴 실을 묶고 풀면서 들어갔다가, 그 실을 따라 나오면 됩니다."
"고마워요, 다이달로스!"
 아리아드네는 곧장 감옥으로 달려가 남몰래 테세우스를 만났어요. 아리아드네의 촉촉한 눈빛에 테세우스를 향한 애정이 가득 담겨 있었어요.
"저는 미노스 왕의 딸 아리아드네입니다. 제가 미궁에서 나올 수 있는 방법을 알려 드릴게요."
"왜 저를 도우려는 겁니까?"
"당신이 죽는 걸 원치 않기 때문이에요. 만약 미궁에서 살아 나오신다면 저를 아테네로 데려가 결혼해 주세요."

"알겠습니다. 아테네로 무사히 돌아가게 되면 당신과 결혼하겠습니다."

아리아드네는 미궁에서 나올 수 있는 방법을 알려 준 뒤 무언가를 슬쩍 건네주고 갔어요.

다음 날, 병사들이 감옥으로 와서 미궁으로 들어갈 첫 번째 희생자를 뽑았어요. 그때 테세우스가 불쑥 앞으로 나섰어요.

"나를 첫 번째로 넣어 주시오."

병사들은 깜짝 놀랐어요. 이제까지 미궁에 먼저 들어가겠다고 나선 사람은 아무도 없었기 때문이지요.

테세우스가 미궁으로 들어가자 뒤에서 문이 쾅 닫혔어요. 테세우스는 어제 아리아드네가 건네준 붉은 실타래를 품속에서 꺼내 문고리에 걸었어요. 그러고는 미궁 속으로 걸어 들어갔어요. 그 뒤를 따라 실타래에서 풀린 실이 길게 이어졌어요.

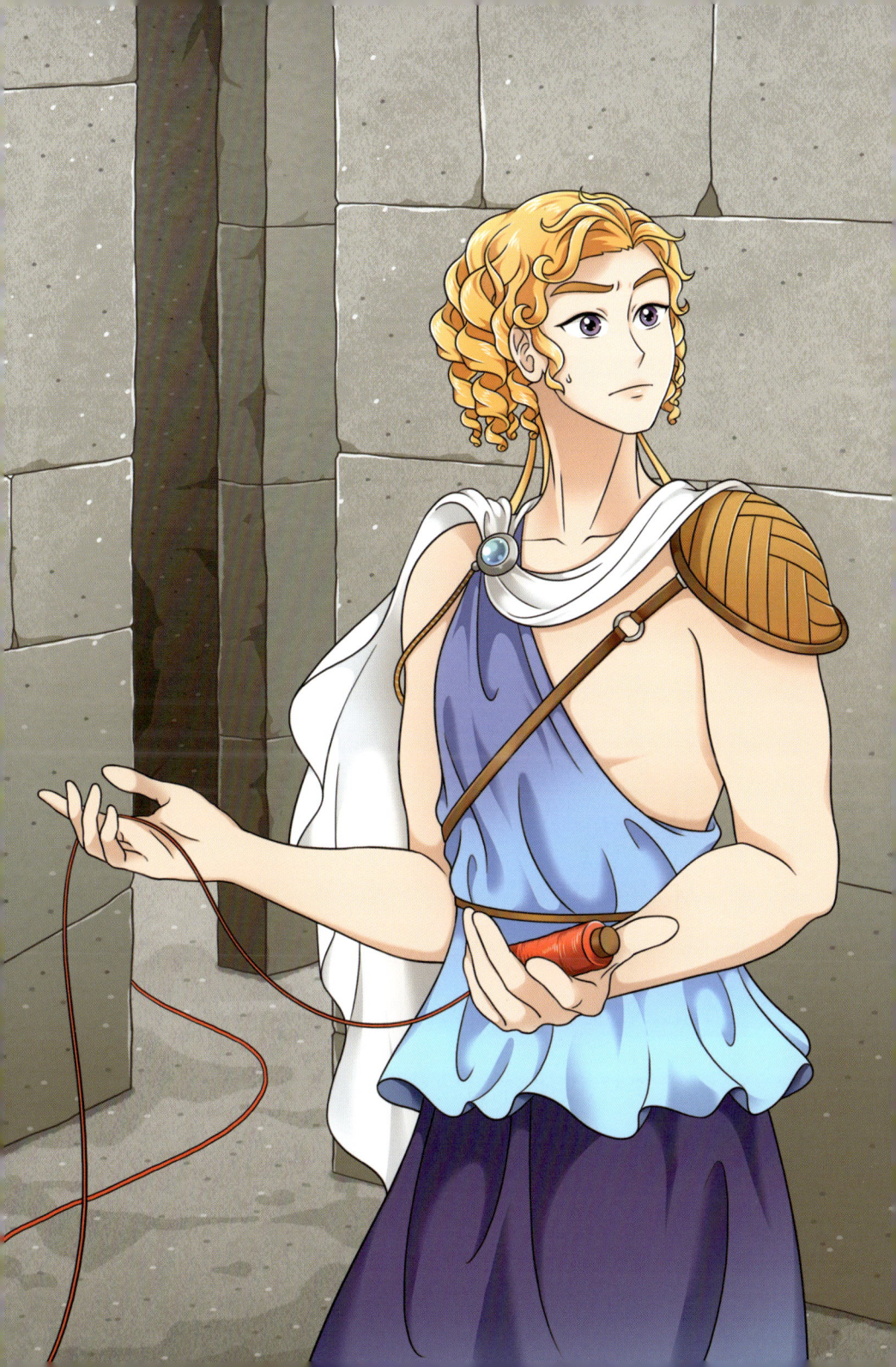

한참을 들어가자 주변에서 으스스한 기운이 느껴졌어요. 그 순간 황소 머리를 한 괴물 미노타우로스가 나타났어요.

"크크크!"

미노타우로스는 테세우스를 발견하자마자 콧김을 내뿜으며 달려들었어요. 앞뒤 안 가리고 거칠게 뿔로 들이박는 걸 보니 오래 굶은 것 같았어요.

"이얍!"

테세우스는 미노타우로스의 뿔을 양손으로 움켜잡고 힘을 주었어요. 서로 힘껏 버티다가 다시 레슬링을 하듯 엉켜 붙어 바닥을 뒹굴었어요.

어느 순간, 테세우스가 미노타우로스를 높이 들어 올렸어요.

"이놈, 오늘이 네 제삿날이다!"

테세우스는 미노타우로스를 바닥에 메다꽂았어요.

퍽 소리와 함께 괴물이 바닥에 나동그라졌어요. 테세우스는 틈을 주지 않고 달려들어 괴물의 머리를 돌 같은 주먹으로 내리쳤어요. 그렇게 몇 번 공격하자 괴물은 더 이상 움직이지 않았어요. 숨이 끊어져 버린 거예요.

테세우스는 미노타우로스의 뿔을 하나 뽑아 들고는 실을 따라 미궁 밖으로 나왔어요. 그러고는 곧장 미노스에게 가서 외쳤어요.

"미노타우로스는 죽었습니다! 그러니 우리는 이제 아테네로 돌아가겠습니다!"

미노스는 너무 놀라 입을 벌린 채 아무 말도 하지 못했어요.

테세우스는 아테네 젊은이들과 함께 바로 항구로 떠났어요. 아리아드네도 그들 무리에 섞여 몰래 항구로 갔어요.

테세우스가 아테네로 떠난 후에 미노스는 딸과 다이달로스에게 배신을 당한 사실을 알게 되었어요.

"괘씸한 것 같으니라고! 다이달로스와 그의 아들 이카로스를 당장 미궁에 가두어라."

다이달로스와 이카로스는 미궁에 갇혔어요.

하지만 현명한 다이달로스는 바로 탈출 계획을 세웠어요. 우선 바닥에 음식 찌꺼기를 놔두고, 이것을 먹으러 날아오는 새를 여러 마리 붙잡았어요. 그런 다음 이 새들의 깃털을 모아 밀랍으로 붙여 큰 날개를 두 쌍 만들었어요.

다이달로스와 이카로스는 날개를 팔에 연결하여 새처럼 날아올라 미궁을 탈출했어요.

"이카로스, 너무 높이 날면 태양열에 밀랍이 녹는다. 너무 낮게 날면 바닷물에 날개가 젖어 날기가 힘들다. 그러니 적당한 높이로 날도록 해라."

다이달로스와 이카로스는 바다 위를 훨훨 날았어요. 그런데 이카로스는 하늘을 나는 게 너무 재미있어 점점 높이 올라갔어요. 그러다 그만 태양열에 밀랍이 녹아 순식간에 바다로 떨어지고 말았어요.

"오오, 내 아들 이카로스!"

다이달로스가 급히 바다에서 건져 올렸지만 아들은 이미 죽어 있었어요. 다이달로스는 이카로스를 바닷가에 고이 묻어 주었어요.

한편, 테세우스 일행은 아테네로 가는 도중에 풍랑을 만나 낙소스섬에 잠시 닻을 내렸어요.

일행은 다들 피곤에 지쳐 곯아떨어졌어요. 그런데 테세우스의 꿈에 아테나 여신이 나타났어요.

"테세우스, 아리아드네를 두고 얼른 이곳을 떠나라. 크레타의 공주를 환영할 사람은 아테네에 단 한 사람도 없다."

테세우스는 놀라서 벌떡 일어났어요. 아테나 여신의 말을 어길 수는 없었기에, 잠든 아리아드네를 두고 젊은이들과 급히 낙소스섬을 떠났어요.

뒤늦게 잠에서 깬 아리아드네는 테세우스가 자기를 버리고 떠난 것을 알게 되었어요. 아리아드네는 절망하여 모래밭에 쓰러져 슬피 울었어요.

그때 마침 술의 신 디오니소스가 표범이 끄는 수레를 타고 지나가다가 아리아드네를 발견했어요. 디오니소스는 아리아드네를 가엾게 여겨 수레 옆자리에 태웠어요. 그러고는 자신의 아내로 삼았어요.

한편, 테세우스는 섬에 두고 온 아리아드네 생각에 마음이 무거웠어요. 홀로 슬퍼하고 있을 아리아드네가 자꾸만 눈에 아른거렸지요.

그러느라 살아서 돌아오게 되면 흰 돛을 달고 오라는 아버지 아이게우스의 말을 까맣게 잊어버렸어요.

아이게우스는 날마다 바다가 훤히 내려다보이는 높은 곳에 나와 아들을 기다렸어요. 그러던 어느 날, 테세우스의 배가 검은 돛을 단 채 항구로 다가오는 것이 보였어요.

"아, 내 아들 테세우스가 끝내 죽고 말았구나!"

아이게우스는 울부짖으며 괴로워하다 그만 바다로 몸을 던졌어요.

테세우스는 항구에 도착한 후에야 흰 돛으로 바꿔 달지 않은 자신의 실수를 알아챘어요. 하지만 이미 죽은 아버지를 다시 살려 낼 수는 없었어요.

"오, 내 잘못으로 아버지께서 돌아가시다니!"

테세우스는 몹시 슬퍼하며 아버지 아이게우스의 장례를 치렀어요.

장례식이 끝나고 얼마 후 테세우스는 아테네의 왕이 되었어요. 그는 아테네의 땅을 코린토스와 메가라까지 넓히고 백성들을 잘 다스렸어요. 아테네는 더욱더 크고 강한 도시 국가로 점점 발전해 나갔어요.

그리스 로마 신화를 읽는 이유

　그리스 로마 신화에는 신과 영웅, 요정 등 다양하고 신비한 인물이 많이 등장해요. 아름답거나 신기한 이야기부터 무섭고 놀라운 이야기까지 이야기의 종류도 매우 다양하지요. 그런데 우리는 그리스 로마 신화를 왜 읽어야 할까요? 그리스 사람도 아니고 로마 사람도 아닌데 말이지요.

　그리스 로마 신화는 고대 그리스에서 만들어지기 시작해 로마 제국으로 이어지는 신화예요. 그리스 신화를 받아들인 로마 사람들이 신들의 이름과 내용을 바꾸기도 했지만, 중심은 어디까지나 그리스 신화예요. 하지만 서양 역사에서 로마가 중요한 자리를 차지하고 있기 때문에 '그리스 로마 신화'라는 이름이 붙게 되었지요.

　우리가 그리스나 로마 사람도 아닌데 그리스 로마 신화를 읽어야 하는 이유는 신화에 등장하는 이야기가 지금까지도 생생하게 살아 있기 때문이에요. 언어와 문학, 역사, 철학 같은 학문을 인문학이라고 하는데, 그리스 로마 신화는 이 모든 학문에 깊이 스며들어 있어요.

그리스 로마 신화를 소재로 한 소설과 그림, 조각품도 셀 수 없이 많아요. 철학이나 심리학에서 쓰는 용어 가운데 그리스 로마 신화에 나오는 인물에서 따온 것도 있지요.

여러분도 한 번쯤 들어 봤을 '판도라의 상자'나 '미다스의 손' 등도 모두 그리스 로마 신화에서 나왔어요. 스포츠용품 회사인 나이키는 승리의 여신인 니케의 영어식 이름이고, 커피 회사인 스타벅스의 로고는 바다의 요정 세이렌이랍니다.

거문고자리, 오리온자리, 사자자리 같은 별자리 이름도 그리스 로마 신화 속에 나오는 이야기에서 생겨났어요. 이렇게 그리스 로마 신화를 읽어야 서양 문화와 역사의 뿌리를 알 수 있어요. 그리스 로마 신화가 그만큼 인류 역사와 학문, 예술에 큰 영향을 끼쳤기 때문이지요. 그래서 우리가 현대를 살면서도 계속 그리스 로마 신화를 읽는 것이랍니다.

신화 박물관

메두사의 머리

메두사는 고르고네스 세 자매 중 막내예요. 메두사의 얼굴은 너무나 무시무시했고, 메두사와 눈이 마주친 사람은 누구든 즉시 돌이 되어 버렸어요. 하지만 결국 메두사는 페르세우스에게 목이 잘려 죽었어요. 그 뒤로 메두사의 머리는 아테나 여신의 방패에 장식되었어요.

페르세우스, 벤베누토 첼리니

페르세우스와 안드로메다

페르세우스는 메두사를 처리하고 돌아가는 길에 바닷가 절벽에 쇠사슬로 묶인 안드로메다를 발견했어요. 그녀는 어머니 카시오페이아의 오만함 때문에 신의 노여움을 사서 바다 괴물의 제물이 되었지요. 페르세우스는 이 바다 괴물을 물리치고 안드로메다와 결혼했어요.

페르세우스와 안드로메다, 바다 괴물이 그려진 항아리

〈페르세우스와 안드로메다〉, 베첼리오 티치아노

뱀을 죽인 아이, 헤라클레스

헤라클레스는 제우스와 알크메네의 아들이에요. 알크메네는 쌍둥이 형제 헤라클레스와 이피클레스를 낳았어요. 제우스의 아내인 헤라는 헤라클레스가 태어나자 그를 없애려고 뱀을 보냈어요. 이피클레스는 겁에 질려 울었지만, 헤라클레스는 뱀을 모두 잡아 죽였어요. 태어난 지 얼마 안 된 아이가 뱀을 죽이는 모습을 보고 알크메네는 헤라클레스가 제우스의 아들임을 알게 되었어요.

뱀을 죽이는 헤라클레스

헤라클레스의 열두 과업

헤라클레스는 크레온 왕의 딸 메가라와 결혼해서 세 아들을 낳고 함께 살았어요. 헤라클레스를 미워하던 헤라는 그를 미치게 했어요. 그 때문에 헤라클레스는 자기 손으로 가족들을 죽이고 말았어요. 슬픔에 빠진 헤라클레스는 자신이 지은 죄를 씻기 위해 열두 가지 과업을 수행해야 했지요.

〈네메아의 사자를 처치하는 헤라클레스〉, 프란시스코 데 수르바란

🎵 이카로스의 날개

최고의 건축가인 다이달로스는 테세우스를 도와준 죄로, 자신이 만든 미궁에 아들 이카로스와 함께 갇혔어요. 다이달로스는 새의 깃털을 모아 만든 날개를 이용해 아들과 함께 탈출했어요. 하지만 태양열 때문에 밀랍이 녹아 이카로스는 추락해 버렸어요. 하늘을 날고자 한 다이달로스와 이카로스 부자에 관한 이야기는 많은 예술가들의 상상력을 자극했어요. 그래서 이들을 표현한 작품들이 많이 만들어졌어요.

〈이카로스의 추락이 있는 풍경〉, 피터르 브뤼헐

🎵 아르고호

영웅 이아손은 모험을 떠나기 위해 목수 아르고스에게 큰 배를 만들어 달라고 했어요. 이아손은 아르고스의 이름을 따서 배를 아르고호라고 불렀어요. 아테나 여신은 자신의 신전에 있는 박달나무를 주어 배의 돛대를 만들게 했어요. 이 돛대는 사람의 말을 알아듣고 스스로 말도 할 수 있었다고 해요.

〈아르고호〉, 로렌초 코스타

메데이아의 복수

메데이아는 아름답고 마법 실력도 뛰어난 공주였어요. 그녀는 아르고 원정대를 이끌고 도착한 이아손에게 첫눈에 반했어요. 그래서 아버지인 아이에테스 왕과 남동생 압시르토스를 배신하고 이아손이 황금 양가죽을 훔칠 수 있도록 도왔어요. 이아손을 위험에 빠뜨렸던 펠리아스 왕도 마법의 힘으로 잔인하게 죽였어요.

하지만 나중에 이아손이 자신을 배신하고 코린토스 크레온 왕의 딸 그라우케와 결혼하려 하자, 그라우케와 크레온을 불에 태워 죽였어요. 심지어 이아손에게 고통을 주기 위해 자기가 낳은 두 아들까지 제 손으로 죽이고 말았지요.

〈이아손과 메데이아〉, 존 윌리엄 워터하우스

🎵 아테나의 방패

아테나의 방패는 제우스가 물려준 거예요. 페르세우스는 메두사를 해치우고 그 머리를 아테나에게 바쳤어요. 아테나는 메두사의 머리를 방패 한가운데 붙였어요. 이 방패는 아이기스의 방패로 불리며 영어로는 '이지스'라고 해요. 아테나의 힘을 상징하는 물건이지요.

▲ 아테나 여신과 방패

🎵 미노타우로스

'미노스'는 크레타의 왕 미노스를 가리키고, '타우로스'는 황소라는 뜻이에요. 둘을 합치면 '미노스의 황소'가 되지요. 반은 사람이고 반은 황소예요. 고대 크레타섬에서는 실제로 황소를 높이 떠받들었어요. 이곳 사람들은 황소가 나쁜 일을 막아 준다고 여겨서 물건, 조각상, 벽화 등 곳곳에 황소를 표현했어요.

▲ 〈미노타우로스〉, 조지 프레더릭 와츠

올림포스 신들과 기간테스의 전쟁

　기간테스는 우라노스의 피가 대지에 스며들어 태어난 거인 괴물들이에요. 이들은 대지의 여신 가이아의 부름으로 올림포스 신들과 싸우게 됐지요. 기간테스는 커다란 나무와 바위를 던져 공격했고, 올림포스 신들 중에는 제우스가 가장 앞장서 싸웠어요.

　제우스는 엄청난 힘을 가진 기간테스를 보고 고민했어요. 그때 앞날을 내다보는 정의의 여신 테미스가 기간테스를 이기려면 올림포스 신들과 인간이 힘을 합쳐야 한다고 했지요. 그래서 제우스는 자신의 인간 아들 헤라클레스를 불러왔어요. 결국 올림포스 신들과 헤라클레스가 힘을 합쳐 기간테스를 물리쳤어요.

〈기간테스의 추락〉, 줄리오 로마노

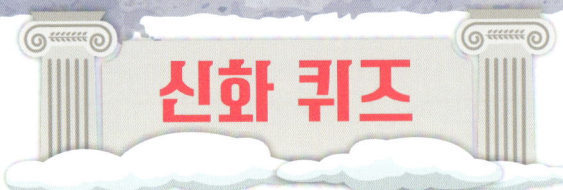

신화 퀴즈

 연상 퀴즈

<보기>와 관련 있는 인물을 골라 보세요.

<보기>

곤봉   아버지가 남긴 신발과 칼   미노타우로스   프로크루스테스의 침대

❶ 아테나   ❷ 테세우스   ❸ 헤라클레스

 OX 퀴즈

❶ 메두사와 눈이 마주치면 돌로 변했어요.   O X

❷ 헤라클레스가 해야 할 과업은 아홉 가지였어요.   O X

❸ 켄타우로스족 케이론이 이아손을 가르쳤어요.   O X

❹ 이카로스의 날개는 태양열 때문에 망가졌어요.   O X

❺ 테세우스는 흰 돛을 달고 아테네로 돌아갔어요.   O X

영웅 찾기

영웅과 관련 있는 내용을 선으로 연결해 보세요.

❶ 이아손

❷ 페르세우스

❸ 헤라클레스

㉠ 아르고 원정대를 만든 영웅이에요.

㉡ 헤라의 미움을 받았던 영웅이에요.

㉢ 메두사의 목을 벤 영웅이에요.

 간단 퀴즈

빈칸에 들어갈 적절한 말을 써 보세요.

❶ 아르고 원정대는 콜키스 왕국에 있는 (　　　　)을 얻기 위해 모험을 떠났어요.

❷ 미노스는 (　　　)에 미노타우로스를 가두었어요.

❸ 아테나는 메두사의 머리를 (　　　)에 붙였어요.

❹ 다이달로스는 깃털을 모아 (　　　)를 만들었어요.

관계있는 것 찾기

테세우스와 관계있는 악당이 누구인지 ○표를 하세요.

하르피아이

케르베로스

페리페테스

연결하기

영웅이 어떤 괴물을 물리쳤는지 선으로 연결해 보세요.

❶ 페르세우스

❷ 헤라클레스

❸ 이아손

❹ 테세우스

㉠ 히드라

㉡ 파이아

㉢ 메두사

㉣ 청동 발굽 황소

🏺 동물 찾기

헤라클레스가 열두 과업 중 첫 번째로 잡은 동물에 ○표를 하세요.

🏺 빈칸 쓰기

영웅을 도와준 여신의 이름을 써 보세요.

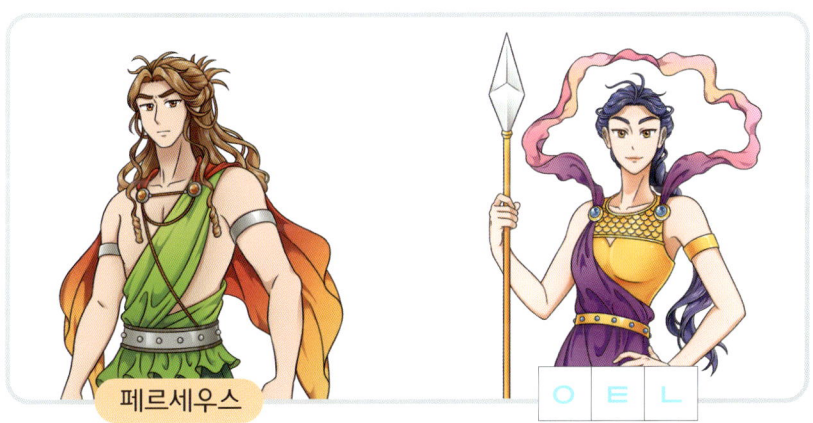

페르세우스

O E L

상상하기

여러분이 신화 속 영웅이 된다면 누가 되어 어디로 모험을 떠나고 싶은지 상상해서 써 보세요.

신들의 이름

그리스식	로마식	영어식	별칭
제우스	유피테르	주피터	최고의 신
헤라	유노	주노	결혼과 가정의 여신
포세이돈	넵투누스	넵튠	바다의 신
데메테르	케레스	세레스	곡식과 농사의 여신
아프로디테	베누스	비너스	사랑과 아름다움의 여신
아테나	미네르바	미네르바	지혜와 전쟁의 여신
아폴론	아폴로	아폴로	태양·음악·예언의 신
아르테미스	디아나	다이애나	사냥과 달의 여신
헤파이스토스	불카누스	벌컨	불과 대장장이의 신
아레스	마르스	마스	전쟁의 신
헤르메스	메르쿠리우스	머큐리	전령과 상업의 신
디오니소스	바쿠스	바커스	술과 축제의 신
헤스티아	베스타	베스타	불과 화로의 여신
하데스	플루톤	플루토	저승의 신
에로스	큐피드	큐피드	사랑의 신
니케	빅토리아	나이키	승리의 여신
가이아	텔루스	어스	대지의 여신
우라노스	카일루스	유러너스	하늘의 신
크로노스	사투르누스	새턴	시간의 신

신들의 계보

신들의 탄생

```
                            카오스
                              │
        ┌──────────┬──────────┼──────────┬──────────┐
       가이아    타르타로스              에레보스      닉스
        │
  ┌─────┼─────┬─────────┐
 오레   폰토스  우라노스
                │
      ┌─────────┼─────────┬─────────┐
   에리니에스                        
   기간테스     티탄      키클롭스   헤카톤케이레스
   아프로디테★
```

티탄
크로노스, 레아,
오케아노스, 테티스,
코이오스, 포이베,
히페리온, 테이아,
테미스, 므네모시네,
이아페토스, 크레이오스

```
       이아페토스 ─── 클리메네
              │
   ┌──────┬───┴───┬──────┐
 아틀라스 메노이티오스 프로메테우스 에피메테우스
```

★ 올림포스 열두 신

🌿 올림포스 신들

```
            크로노스 ─── 레아
                  │
  ┌────┬────┬────┼────┬────┬────┐
헤스티아 데메테르 제우스★ 헤라★ 하데스 포세이돈★
         │
      페르세포네

     제우스 ─── 헤라
         │
  ┌──────┼──────┬──────┐
헤파이스토스★ 아레스★ 헤베 에일레이티이아
```

🌿 제우스 관계도

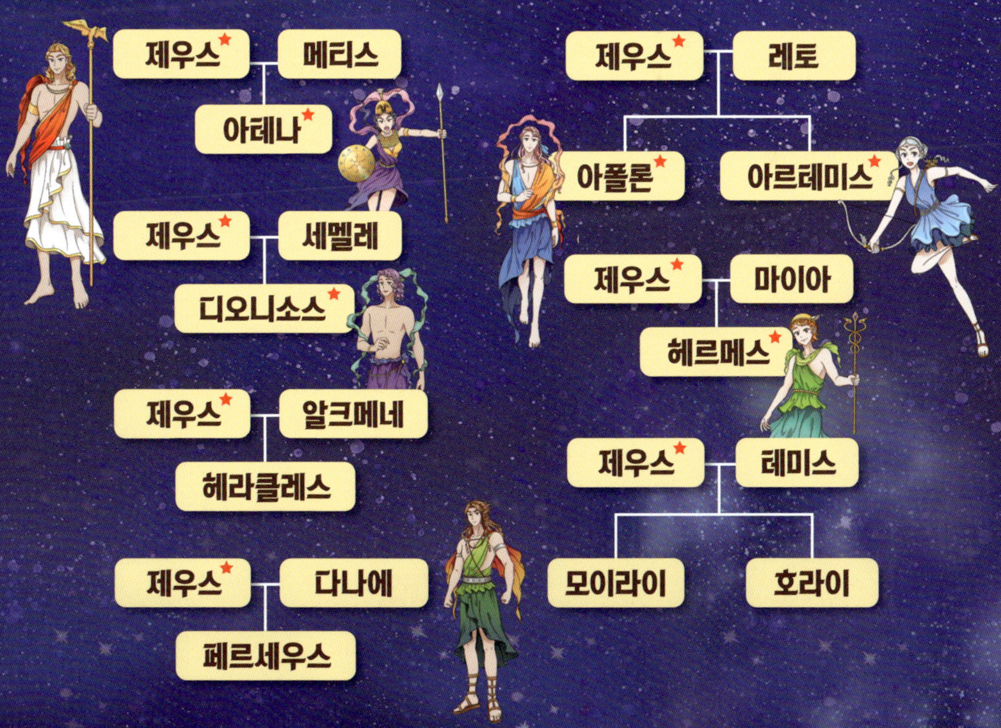

제우스★ ─── 메티스
　　　아테나★

제우스★ ─── 세멜레
　　　디오니소스★

제우스★ ─── 알크메네
　　　헤라클레스

제우스★ ─── 다나에
　　　페르세우스

제우스★ ─── 레토
　　┌────┴────┐
　아폴론★　아르테미스★

제우스★ ─── 마이아
　　　헤르메스★

제우스★ ─── 테미스
　　┌────┴────┐
　모이라이　호라이

숨은 단어를 찾아라!

헤라클레스는 헤라의 미움을 받아 열두 가지 과업을 수행해야 했어요. 오른쪽 문제를 읽고 헤라클레스와 관련된 단어 세 개를 아래에서 찾아보세요!

케	르	베	로	스
소	양	황	가	죽
나	히	기	사	황
비	드	금	자	말
양	라	소	암	슴

문제

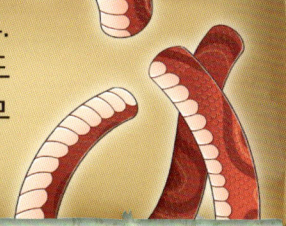

❶ 머리가 아홉 개나 달린 괴물이에요. 입으로 독을 내뿜고 머리가 잘려도 금세 머리가 다시 자라나는 무시무시한 뱀이지요.

❷ 지하 세계의 문을 지키는 머리가 셋 달린 무서운 개예요.

❸ 헤라클레스는 과업을 수행하다 해치운 이 동물의 가죽을 머리에 둘러썼어요. 이 동물은 헤라클레스의 상징이 되었지요.

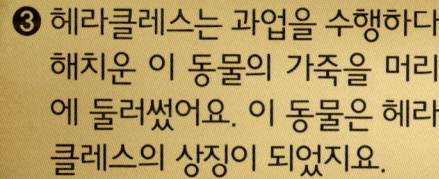

❶ 히드라
❷ 케르베로스
❸ 사자

글 양태석
서울예술대학에서 문학을 공부했고, 1991년 월간 〈문학정신〉에 단편소설이 당선되었습니다. 잡지사와 출판사에서 일했고, 지금은 소설과 동화를 쓰고 있습니다. 쓴 책으로는 소설집 《다락방》과 동화집 《아빠의 수첩》, 《사랑의 힘 운동본부》, 《책으로 집을 지은 악어》 등 30여 권이 있습니다.

그림 조성경
일러스트레이션을 전공했으며 캐릭터 디자인, 웹툰, 이모티콘 등 다양한 분야에서 활동 중입니다. 주요 작품으로는 카카오톡 이모티콘 '판다! 두부의 생활 일기', '스마일 재스민'이 있으며, 그린 책으로는 「내가 만드는 팝업북」 시리즈, 「미니미니 만들기」 시리즈 등이 있습니다.

그리스 로마 신화

❹ 모험을 떠나는 영웅들

2022년 1월 10일 1판 1쇄 발행

글 양태석 | 그림 조성경
펴낸이 문제천 | 펴낸곳 ㈜은하수미디어
편집진행 문미라 | 편집 옥수진
디자인 김지수, 권은애 | 디자인 지원 최유정 | 제작책임 이남수
주소 서울시 송파구 송이로32길 18, 405 (문정동, 4층)
대표전화 (02)449-2701 | 팩스 (02)404-8768 | 편집부 (02)3402-1386
출판등록 제22-590호(2000. 7. 10.)
ⓒ2022, Eunhasoo Media Publishing Co., Ltd.

이 책의 저작권은 ㈜은하수미디어에 있으므로 무단 전재 및 무단 복제를 금합니다.

주의! 종이가 날카로워 손을 베일 수 있으므로 주의하십시오.
파본은 구입처에서 교환해 드립니다. 사용 중 발생한 파손은 교환 대상에 해당되지 않습니다.

＊사진 출처 Shutterstock, Wikimedia Commons

그리스 로마 신화 4 캐릭터 카드 ①

헤라클레스 — POWER 90
제우스와 알크메네의 아들
용기와 지혜, 힘을 모두 갖춘 그리스 신화의 최고 영웅이에요.

페르세우스 — POWER 80
제우스와 다나에의 아들
괴물 메두사의 목을 벤 영웅으로, 강력한 도시 국가인 미케네를 세웠어요.

이아손 — POWER 72
아이손의 아들
황금 양가죽을 구하기 위해 아르고 원정대를 꾸려 모험을 떠난 영웅이에요.

테세우스 — POWER 73
아이게우스의 아들
수많은 괴물들과 악당을 물리친 아테네 최고의 영웅이에요.

그리스 로마 신화 4 캐릭터 카드 ②

메두사 — POWER 81
머리카락이 뱀인 괴물
눈이 마주치는 순간, 누구든 돌로 변하게 하는 무서운 괴물이에요.

케르베로스 — POWER 83
지하 세계를 지키는 개
머리가 셋 달린 무시무시한 개예요. 지하 세계의 문을 지켜요.

히드라 — POWER 68
머리가 아홉 개인 뱀
머리를 계속 잘라도 끊임없이 다시 생겨나는 뱀이에요.

아틀라스 — POWER 86
거인
하늘을 떠받치는 벌을 받아 영원히 고통받는 거인이에요.